EXAM *Revision* N

AS/A-LEVEL

German

Thomas Reimann

2nd Edition

Philip Allan Updates, an imprint of Hodder Education, part of Hachette UK, Market Place, Deddington, Oxfordshire OX15 0SE

Orders

Bookpoint Ltd, 130 Milton Park, Abingdon, Oxfordshire OX14 4SB
tel: 01235 827720
fax: 01235 400454
e-mail: uk.orders@bookpoint.co.uk

Lines are open 9.00 a.m.–5.00 p.m., Monday to Saturday, with a 24-hour message answering service. You can also order through the Philip Allan Updates website: www.philipallan.co.uk

© Philip Allan Updates 2009

ISBN 978-0-340-95854-4

First printed 2009
Impression number   5   4   3   2   1
Year   2013   2012   2011   2010   2009

Printed in Spain

Hachette UK's policy is to use papers that are natural, renewable and recyclable products and made from wood grown in sustainable forests. The logging and manufacturing processes are expected to conform to the environmental regulations of the country of origin.

Contents

Chapter 4 Speaking

Introduction

About this book

The four main aims of this book are to:
- supply you with key vocabulary for general topics
- outline essential grammatical concepts
- provide useful methods for improving your speaking skills
- show you efficient ways of preparing and revising for exams

Everything in these notes relates to the new specifications for the AS and A2 exams. In each chapter there are plenty of German examples, which will help you to remember vocabulary and grammar. These examples cover relevant, up-to-date German AS and A2 topics in accordance with the specifications of the major examining bodies. This means you can easily integrate the various methods, tips and examples into your work.

Topic areas

A study of the specifications of the various examining bodies could easily yield at least 30 subjects, which is far too many to organise effectively in one book. Therefore ten major topic areas have been identified for the purposes of these notes. Within each of these topic areas a variety of themes has been covered, ensuring that most of the 30 subjects are included. The topic areas are as follows:

i	Familie und Beziehungen	Family and relationships
ii	Gesundheit und Ernährung	Health and nutrition
iii	Abhängigkeit und Drogen	Addiction and drugs
iv	Sport und Bewegung	Sport and exercise
v	Urlaub und Tourismus	Holidays and tourism
vi	Freizeit und Kultur	Leisure and culture
vii	Technik	Technology
viii	Schul- und Arbeitswelt	The world of school and work
ix	Transport	Transport
x	Medien	The media

Which subjects belong to each topic area?
Below is a list of 30 subjects. Try to match each subject with one of the ten major topic areas. The first two answers are already written next to the subject title; the remaining answers are given below.

1 Essen wir zu viel Fastfood?	ii	5 Das Rauchen
2 Fragen der Pressezensur	x	6 Alkohol
3 Vor- und Nachteile des Internets		7 Das deutsche Schulsystem
4 Trendsportarten		8 Manipuliert uns die Werbung?

This type of list can never be totally comprehensive, of course; neither are the ten major topic areas clear cut. A subject like the internet could easily fall under technology or media. By the time this book is printed there might have been events and developments in Germany, Europe or the world that are relevant to German AS and A-level. But having ten basic topic areas and a thorough understanding of what these stand for gives you the chance to add new subjects, words, phrases and specimen sentences easily. You will need to do this on a regular basis anyway, because this book cannot cover all key vocabulary.

Suggested answers

i   Family and relationships: 13, 20, 29

ii   Health and nutrition: 1, 15, 26

iii Addiction and drugs: 5, 6, 14

iv   Sport and exercise: 4, 21, 30

v   Holidays and tourism: 10, 25

vi   Leisure and culture: 12, 16, 28

vii Technology: 3, 9, 18, 23

viii **The world of school and work:** 7, 11, 19

ix   Transport: 24, 27

x   The media: 2, 8, 17, 22

The contents of the chapters

Chapter 1 Vocabulary

In Chapter 1 the ten major topic areas are introduced. Each section consists of four components: 40 keywords, five specimen sentences and a specimen paragraph, all in German with English translations, and finally various essay titles in German. These will give you a good idea of the scope of the topic area and form challenging tasks that will make you think about the structure and content of a specific subject.

Chapters 2 and 3 Grammar

Chapters 2 and 3 are grammatical chapters. A firm grasp of grammar is essential for learning German. Chapter 2 looks at the different verb forms; Chapter 3 covers other grammar items.

Chapter 4 Speaking

Chapter 4 covers the skill of speaking. It includes useful tips to help you improve your speaking skills and to enable you to plan and prepare effectively for an oral exam.

Chapter 5 Revision

Chapter 5 looks at methods of revising efficiently, e.g. structuring an essay and effective ways of taking notes.

Chapter 6 Vocabulary test

Chapter 6 focuses on the most common basic words found in German AS/A-level exams.

A How to organise and structure a vocabulary list

Before you start studying the ten major topic areas identified here, it is vital to look at ways of organising and structuring a vocabulary list. There are three major types of words: nouns, verbs and adjectives.

1 Nouns

Many people learning German make mistakes with the gender and plurals of nouns. For this reason, each time you make note of a new noun it is essential to include its gender and plural form.

Example
der Regenschirm (e)   umbrella

By setting out the information as above it is clear that *Regenschirm* is a masculine noun and that the plural is *Regenschirme*.

Example
die Mutter (¨)   mother

Mutter is a feminine noun and its plural is formed by adding an umlaut to the *u*, so *Mutter* becomes *Mütter*.

Example
das Gewitter (~)   thunderstorm

Gewitter is a neuter noun; the symbol (~) indicates that it does not change in its plural form.

If no information is given in brackets in the vocabulary lists it means that there is no plural or that the word would not make sense in the plural.

Example
der Krieg (e)   war
der 2. Weltkrieg   Second World War

2 Verbs

In the vocabulary lists the verbs are followed by numbers in brackets. This will help you with the formation of the present perfect tense (see Chapter 2D). This tense is extremely important in German. Its formation requires the past participle of the verb. Verbs can be divided into five groups and their past participles derived as outlined below.

Group 1 Weak verbs

There is no vowel change in the stem; the past participle is prefixed by *ge-* and ends in *-t* or *-et*:

machen —→ gemacht
lieben —→ geliebt
arbeiten —→ gearbeitet

In the vocabulary lists in this guide, (1) next to the verb indicates that it is a group 1 verb, with its past participle formed as described above.

Example
rauchen (1) —→ geraucht   Ich habe geraucht.

Group 2 Strong verbs

There is no vowel change in the stem; the past participle is prefixed by *ge-* and ends in *-en*:

geben —→ gegeben
schlafen —→ geschlafen
lesen —→ gelesen

In the vocabulary lists, (2) next to the verb indicates that it is a group 2 verb, with its past participle formed as described above.

Example
waschen (2) —→ gewaschen Ich habe das Auto gewaschen.

Group 3 Weak verbs ending in *-ieren* and verbs with the prefixes *be-*, *emp-*, *ent-*, *er-*, *ge-*, *ver-*, *zer-*

These verbs are not prefixed by *ge-*; they are used in the third person singular verb form:

studieren —→ studiert
bestellen —→ bestellt
erklären —→ erklärt

In the vocabulary lists, (3) next to the verb indicates that it is a group 3 verb, with its past participle formed as described above.

Example
verkaufen (3) —→ verkauft   Ich habe das Haus verkauft.

Group 4 Verbs where the infinitive and the past participle are identical

Example
verlassen (4) —→ verlassen   Ich habe Berlin verlassen.

Group 5 Irregular verbs

These verbs need to be learned individually. In the vocabulary lists, (5) next to the verb indicates that its past participle is irregular. All past participles of group 5 verbs are given in the vocabulary lists.

Examples

kennen (5) ⟶ gekannt	Ich habe den Lehrer gekannt.
verlieren (5) ⟶ verloren	Er hat das Spiel verloren.
finden (5) ⟶ gefunden	Sie haben die Handtasche gefunden.

The present perfect tense of some German verbs is formed with the auxiliary verb *sein*. In the vocabulary lists all verbs that take *sein* in the present perfect tense are indicated by an asterisk (*) after the brackets.

Examples

fahren (2)* ⟶ gefahren	Ich bin nach Bonn gefahren.
gehen (5)* ⟶ gegangen	Er ist ins Kino gegangen.

3 Adjectives

Some adjectives add an umlaut in the comparative and superlative, and some are irregular. Any changes are indicated in the vocabulary lists.

Examples

klein — kleiner	Regular adjective
alt — älter	Umlaut is added
gut — besser	Irregular adjective

B Family and relationships

1 Selected vocabulary

die Absprache (n)	arrangement, agreement
die Alleinerziehende (n)	single mother
der alleinige Verdiener (~)	sole breadwinner
die Atmosphäre	atmosphere
auskommen mit (2)*	to get on with
behandeln (3)	to treat
bestrafen (3)	to punish
die Clique (n)	clique, circle of friends
die Ehe (n)	marriage
das Ehepaar (e)	married couple
das Einzelkind (er)	single child
der Ernährer (~)	breadwinner
die Erziehung	education, upbringing
das Fest (e)	party, do
die Gemeinsamkeit (en)	point in common

geschieden	divorced
gute Freunde bleiben (5, geblieben)*	to remain good friends
kompromissbereit	willing to compromise
kritisieren (3)	to criticise
meckern (1)	to moan
die Meinungsverschiedenheit (en)	difference of opinion
nerven (1)	to get on sb.'s nerves, bug
das offene Gespräch (e)	frank discussion
peinlich	embarrassing
die Regel (n)	rule
respektieren (3)	to respect
schimpfen mit (1)	to shout at, grouch
selbstständig	independent
sich ähnlich sein (5, gewesen)*	to be similar
sich gut verstehen mit (5, verstanden)	to get on well with
sich kümmern um (1)	to look after
sich verlassen auf (4)	to rely on, bank on
der Stiefvater (¨)	step-father
der Streit (s)	argument
streiten (5, gestritten)	to argue
das Verbot (e)	ban
verständnisvoll	understanding
vertrauen (3)	to trust
volljährig	over 18
die Vorschrift (en)	rule

2 *Specimen sentences*

Er kann mit seinen Stiefeltern über nichts reden.	He can't talk to his step-parents about anything.
Er kommt mit seinen Geschwistern gut aus.	He gets on well with his brothers and sisters.
Ich finde Familienfeiern langweilig und peinlich, lieber verbringe ich Zeit mit meinen Freunden.	I find family celebrations boring and embarrassing. I'd rather spend time with my friends.

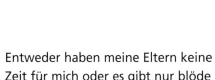

Entweder haben meine Eltern keine Zeit für mich oder es gibt nur blöde Regeln.

Either my parents have no time for me or there are only stupid rules.

Ich streite mit meiner Mutter über mein unordentliches Zimmer, meine gefärbten Haare und meine schlechten Noten in Mathe und Englisch.

I argue with my mother about my untidy bedroom, my dyed hair and my bad marks in maths and English.

Jung sein bedeutet, versuchen selbstständig zu sein und viele Fehler zu machen, aus denen man aber lernen sollte.

Being young means trying to be independent and making lots of mistakes but learning from them.

Alleinerziehende müssen gleichzeitig Kinder erziehen, Geld verdienen und den Haushalt führen.

Single parents have to bring up children, earn money and run the house all at the same time.

3 Specimen paragraph

Streit ist normal. Auch in meiner Familie kracht es ab und zu. Dann setzen wir uns an einen Tisch und versuchen ruhig und konstruktiv über die Streitpunkte zu sprechen. Es darf nur einer reden und am Ende gibt es einen Kompromiss, den alle akzeptieren müssen.

Arguing is normal. Even in my family there's trouble from time to time. Then we sit around the table and try to discuss the issues in a calm and constructive way. Only one person can talk at a time and in the end there is a compromise that we all have to agree to.

4 Essay titles

Wie verstehen Sie sich mit Ihren Geschwistern, Eltern und Großeltern? Wann ist das Verhältnis besonders gut, wann gibt es Streit?

Welche Rolle spielt die Familie, spielen Freunde in Ihrem Leben?

Was denken alte Menschen über junge Menschen und umgekehrt? Geben Sie Beispiele und diskutieren Sie mögliche Ursachen!

Immer mehr Menschen leben unverheiratet zusammen, haben häufig Kinder! Wie finden Sie das?

Haben es alleinerziehende Eltern schwerer als verheiratete? Begründen Sie Ihre Meinung und geben Sie Beispiele!

C Health and nutrition

1 Selected vocabulary

abnehmen (5, abgenommen)	to lose weight
auf das Gewicht achten (1)	to watch one's weight
die Aufklärung	education/information about
ausgewogen	balanced
das Aussehen	appearance, looks
betroffen	affected
die Diät (en)	diet
einseitig	unbalanced
das Eiweiß	protein
die Ernährung	nutrition
der Ernährungsberater (~)	nutritionist (m)
die Ernährungsberaterin (nen)	nutritionist (f)
die Ernährung umstellen (1)	to adjust/change nutrition
die Ernährungsgewohnheit (en)	eating habit
die Ess-Brech-Sucht/Bulimie	bulimia
das Essverhalten der Eltern imitieren (3)	to copy the parent's diet
Fastfood macht dick (1)	fast food makes you fat
das Fertiggericht (e)	ready meal
das Fett	fat
die Fettleibigkeit	obesity
sich fit halten (2)	to keep fit
führen zu (1)	lead to
gefährdet	at risk
gentechnisch veränderte Pflanzen	genetically manipulated plants
in Maßen genießen (5, genossen)	to enjoy/savour in moderation
Kohlenhydrate	carbohydrates
die Magersucht	anorexia
magersüchtig	anorexic
sich regelmäßig bewegen (3)	to exercise regularly
reichhaltig	rich in
sich schlapp fühlen (1)	to feel weak
das Übergewicht	obesity, excess weight
sich ungesund ernähren (3)	to eat an unhealthy diet
verändertes Freizeitverhalten	changed leisure behaviour
verlockend	tempting
verstärkter Medienkonsum	enhanced media use
verzichten auf (3)	to do without, abstain from

vor der Glotze hocken (1)	to sit in front of the telly
zu Bio-Produkten greifen (5, gegriffen)	to choose organic products
zunehmen (5, zugenommen)	to put on weight
die Zusammensetzung der Nahrung	composition of food
Zusätze	additives

2 Specimen sentences

Übergewicht ist ein weltweites Phänomen, aber Großbritannien und Deutschland gehören zu den am meisten betroffenen Ländern.

Obesity is a world-wide phenomenon, but Great Britain and Germany are among the countries most affected by it.

Experten wissen schon lange, dass eine Ernährung, die reichhaltig an Obst und Gemüse ist, hilft, Krebs und Herzkrankheiten abzuwehren.

Experts have known for a long time that a diet rich in fruit and vegetables helps to ward off cancer and heart diseases.

Ich denke es müsste ein Schulfach „Gesunde Ernährung" geben. Schon im Kindergarten müssen die Kinder lernen, welche Nahrungsmittel gut und weniger gut für sie sind.

I think there should be a school subject called "Healthy eating". Even when they are in nursery, children need to learn about which foods are healthy and unhealthy.

Meine Lehrerin glaubt, dass sich so viele Menschen ungesund ernähren, weil es zum Ersten zu viel Werbung für ungesundes Essen gibt, und zum Zweiten man an vielen Orten gar kein gesundes Essen kaufen kann.

My teacher thinks that so many people have an unhealthy diet first because there is too much advertising for unhealthy food and second it is not possible to buy healthy food in a lot of places.

Die Eltern sind die Vorbilder, denn sie entscheiden wann und was sie selbst und ihre Kinder essen und trinken.

The parents are role models, because they decide when and what they and their children eat and drink.

3 Specimen paragraph

Der moderne Mensch geht heutzutage mit dem Thema Ernährung anders um als vor 50 Jahren. Nicht nur, weil man jeden Tag in der Werbung die neusten und „leckersten" Produkte präsentiert bekommt.

Nowadays the modern man deals with the issue of nutrition differently from 50 years ago. Not only because adverts present the latest and "most delicious products" on a daily basis.

Vor tausenden von Jahren musste man auf die Jagd gehen, heute reicht der kurze Weg zum gut gefüllten Kühlschrank. Dort warten leider nicht Obst und Gemüse, sondern Tiefkühlpommes und Schokoladenpudding. Diese Nahrungsmittel sind kalorienreich und alles andere als gesund, doch nach Aussage der meisten Menschen schmecken sie gut. Deshalb fragen sich viele Menschen: Dick sein und genießen, oder schlank sein und leiden?

A thousand years ago you had to go hunting. Today it's enough to make the short trip to a full fridge. Unfortunately you are not faced with fruit and vegetables but with frozen chips and chocolate pudding. These food items are full of calories and far from healthy, but according to most people they taste nice. That's why many people wonder: should I be fat and enjoy myself or be slim and suffer?

4 Essay titles

Inwieweit unterscheidet sich gesunde von ungesunder Ernährung? Inwieweit sind bestimmte Nahrungsmittel gesund oder ungesund?

Welche Unterschiede bei den Ess- und Trinkgewohnheiten in Ihrem Land gibt es heutzutage im Vergleich zu früher? Sind die Ess-Gewohnheiten in Ländern wie Deutschland, Frankreich, Spanien oder Japan anders?

Wer über 100 Jahre alt werden will, der muss folgende 10 Punkte beachten: 1. ...

Ein Schulfach „Gesunde Ernährung" wäre eine/keine gute Idee, weil...

Bulimie und Übergewicht sind der Spiegel von Schönheitswahn und Kommerz! Was denken Sie?

D Addiction and drugs

1 Selected vocabulary

abhängig	addicted, hooked
Alkohol am Steuer	drink-driving
der Alkoholiker (~)	alcoholic
aus Neugier	out of curiosity
sich betrinken (5, betrunken)	to get drunk
betrunken/blau	drunk
Cannabis legalisieren (3)	to legalise cannabis
der Drogenabhängige (n)	drug addict
entkriminalisieren (3)	to decriminalise
die Entziehungskur (en)	withdrawal therapy
erhöhen (3)	to increase

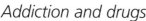

ermuntern (3)	to encourage
der Erwartungs-/Gruppendruck	peer pressure
es beruhigt meine Nerven	it calms/steadies my nerves
die Flucht	a means of escape
die Freiheit beschränken (3)	to restrict freedom/liberty
die Gesetze einhalten (2)	to abide by laws
harte/weiche Drogen	hard/soft drugs
körperlich	physical
krebserregende Stoffe	cancer-causing substances
das Krebsrisiko	risk of cancer
das Passivrauchen	passive smoking
qualmen (1)	to smoke, puff away
rauchfreie Zonen	smoke-free areas
Rauchverbote in öffentlichen Gebäuden	smoking bans in public buildings
Rauschgift	drugs
die Regierung	government
Rücksicht nehmen (5, genommen)	to be considerate
schädigen (1)	to damage
sich abgewöhnen (1)	to give up
stressig	stressful
süchtig machen (1)	to be addictive
die Tabakindustrie	tobacco industry
die Tabaksteuer	tobacco tax
die Therapie (n)	therapy
ungesund	unhealthy
die Untersuchung (en)	study, survey
verboten	forbidden, prohibited
verrauchte Orte vermeiden (5, vermieden)	to avoid places filled with smoke
die Werbung einschränken (1)	to restrict advertising

2 Specimen sentences

Im Gegensatz zu Alkohol und Tabak macht Cannabis körperlich nicht süchtig und kann bei der Behandlung bestimmter Krankheiten helfen.

Unlike alcohol and tobacco, cannabis is not physically addictive and can help in treating certain diseases.

Manche Jugendliche rauchen, weil es ihre Freunde tun, es einen lässigen Eindruck macht, es Spaß macht und beruhigt.

Some young people smoke because their friends do it, it looks cool, it is fun and it calms their nerves.

Viele Jugendliche rauchen nicht, weil es stinkt, viel kostet, ungesund ist (Krebsgefahr) und nicht schmeckt.	Many young people don't smoke, because it smells, it costs so much, it is unhealthy (danger of cancer) and they don't like the taste.
Einige junge Leute nehmen Drogen, weil sie ihr Leben frustrierend, eintönig, hoffnungslos finden, doch die meisten davon glauben, dass sie nicht abhängig werden.	Some young people take drugs because they find life frustrating, unexciting and miserable, but most of them reckon they won't get hooked.
In einigen Ländern ist das Mindestalter für den Kauf alkoholischer Getränke 21 Jahre, das heißt auch, dass niemand unter 21 Jahren in Bars und Restaurants alkoholische Getränke wie Wein oder Bier konsumieren darf.	In some countries the minimum age to buy alcoholic drinks is 21 years, which also means that no one under 21 is allowed to consume alcoholic drinks such as wine or beer in pubs or restaurants.

3 Specimen paragraph

Wissenschaftler schätzen, dass Zigaretten jedes Jahr für hunderttausende Todesfälle in Deutschland verantwortlich sind. Dennoch rauchen viele Leute, besonders junge Frauen. Die Tabakindustrie ist für ihre Rolle, insbesondere junge Leute zum Rauchen zu ermuntern, kritisiert worden.	Scientists estimate that cigarettes are responsible for hundreds of thousand deaths in Germany each year. Despite this, many people still smoke, especially young women. The tobacco industry has been criticised for its role in encouraging smoking, particularly in young people.

4 Essay titles

Rauchen ist ein umstrittenes Thema. Nennen Sie Gründe, die für und gegen das Rauchen sprechen.

Viele europäische Länder versuchen die Gefahren des Rauchens durch Rauchverbote zu bekämpfen. Wie beurteilen Sie diese Maßnahme?

Was denken Sie, ist Alkohol Tradition und Kultur oder, wie viele Kritiker sagen, eine der schlimmsten legalen Drogen?

In einigen Ländern sind oder werden weiche Drogen legalisiert. Was spricht für, was spricht gegen solch einen Schritt?

Kann die Schule bei der Drogen-Prävention helfen, sind die Eltern die wichtigsten Ansprechpartner oder gibt es noch andere, die beim Kampf gegen Drogen mitmachen sollten?

E Sport and exercise

1 Selected vocabulary

abschalten (1)	to switch off
anfeuern (1)	to support
sich anmelden (1)	to register, apply for
beliebt	popular
Bewegung	exercise
dopen (1)	to take drugs to enhance performance
das Dopingmittel (~)	doping substances
das Endspiel (e)	final
das Ergebnis (se)	result
erschöpft	exhausted
feiern (1)	to celebrate
den Frust rauslassen	to let off steam
der Gegner (~)	opponent
gewinnen (5, gewonnen)	to win
gute/schlechte Laune haben (1)	to be in a good/bad mood
sich im Verein engagieren (3)	to be involved/active in a sports club
Leichtathletik	athletics
Leute kennen lernen (1)	to get to know people
die Mannschaft (en)	team
das Mitglied (er)	member
die Niederlage (n)	defeat
das Rennen (~)	race
der Schiedsrichter (~)	referee
der Sieg (e)	win, victory
der Spitzensport	top-level sport
Sport treiben (5, getrieben)	to do sport
die Sportart (en)	sport
der Sportplatz (¨e)	sportsground
die Stimmung	atmosphere
teilnehmen an (5, teilgenommen)	to take part in
der Trainer (~)	coach
trainieren (3)	to work out, practise
das Turnier (e)	tournament, cup
üben (1)	to practise

die Veranstaltung (en)	event
sich verletzen (3)	to get injured
verlieren (5, verloren)	to lose
die Weltmeisterschaft (en)	world championship
der Wettkampf (¨e)	competition
der Zuschauer (~)	spectator

2 Specimen sentences

Ich interessiere mich für die meisten Sportarten und bin selber begeisterter Sportler/begeisterte Sportlerin.

I'm interested in most kinds of sports and am myself a keen sportsman/sportswoman.

Das Dopingproblem im Sport völlig in den Griff zu bekommen wird wohl nie ganz gelingen.

It will probably never be possible to fully control the problem of doping in sport.

Viele junge Leute können sich nicht solch teure Sportarten wie Reiten, Golfspielen, Segeln oder Windsurfen leisten.

Many young people cannot afford expensive sports such as riding, playing golf, sailing or windsurfing.

Trendsportarten wie Inline-Skating sind unter jungen Leuten in Deutschland sehr beliebt, aber viele versuchen ohne Helm und Protektoren zu skaten.

Trend sports such as rollerblading are very popular with young people in Germany, but they often attempt to skate without helmets and pads.

Ich hasse Fußball und Tennis; ich bevorzuge Aktivitäten wie Nordic Walking oder Tanzen, bei denen ich Kontakt mit Leuten bekomme, die die selben Interessen wie ich haben.

I hate football and tennis; I prefer activities such as Nordic walking or dancing, where I come into contact with people who have the same interests as I have.

3 Specimen paragraph

Skifahren ist eine sehr beliebte Sportart in Deutschland. In den Wintermonaten und an vielen Wochenenden sind die Wintersport-gebiete in den Alpen und im Schwarzwald überfüllt. Viele Wintersportler kommen dann aus den Großstädten zu einem Kurzurlaub.

Skiing is a very popular sport in Germany. During the winter months and many weekends the ski resorts in the Alps and the Black Forest are overcrowded. Many winter sport enthusiasts come from the big cities for short breaks.

Das bedeutet leider lange Schlangen an den Skiliften und schlimme Unfälle auf den Pisten, besonders gebrochene Arme und Beine.

Unfortunately that means long queues at the ski lifts and severe accidents on the slopes, especially broken arms and legs.

4 Essay titles

Was sind mögliche Vorteile, wenn man regelmäßig Sport treibt? Sind bestimmte Sportarten besser als andere?

Viele Sportmuffel behaupten: „Sport ist Mord!" Gibt es Gründe, die gegen Sport sprechen?

Wenn Ihr Kind das entsprechende Talent hätte, würden Sie ihm erlauben, eine Karriere als Leistungssportler zu beginnen und die Schule/Ausbildung zu unterbrechen/beenden?

Warum dopen so viele Sportler? Geht es bei Weltmeisterschaften und Olympischen Spielen immer noch um das Mitmachen, oder spielen Ruhm und Geld eine wichtigere Rolle?

„In unseren Schulen und Unternehmen wird viel zu wenig Sport getrieben, zu Hause sitzen die Leute lieber vor dem Fernsehen als sich zu bewegen. Wir müssen die Menschen zur Bewegung zwingen!" Was denken Sie?

F Holidays and tourism

1 Selected vocabulary

der Ausflug (¨e)	trip
der Autoverkehr	traffic
sich beschweren (3)	to complain
der Billigflieger (~)	budget airline
durchschnittlich	on average
der/die Einheimische (n)	local
sich entspannen (3)	to relax
sich erholen (3)	to recover, recuperate
Ferien machen (1)	to go on holiday
der Ferienort (e)	holiday resort
die Ferienanlage (n)	resort
die Flugreise (n)	flight, plane trip
im Vergleich zu	compared (to)
in den Bergen	in the mountains
das Klima	climate

der Klimawandel	climate change
der Kurzurlaub (e)	short holiday
die Landschaft	countryside
der Massentourismus	mass tourism
am Meer	at the sea
die Müllentsorgung	waste disposal
ökologisch verträglich	in an environmentally friendly way
profitieren von (3)	benefit from
regionale Spezialitäten	regional specialities
der Reiseveranstalter (~)	tour operator
reklamieren (3)	to complain
sanfter Tourismus	ecological/green tourism
das Schnäppchen (~)	bargain
die Sehenswürdigkeit (en)	sight, tourist attraction
der Strand (¨e)	beach
der Traumurlaub (e)	dream holiday
die Trinkwasser-Versorgung	provision of drinking water
überfüllt	packed, crowded
die Umwelt schonen	to help the environment
die Unterkunft	accommodation
in Urlaub fahren (2)*	to go on holiday
das Urlaubsziel (e)	holiday/tourist destination
verbrauchen (3)	to consume
verreisen (3)*	to go away on holiday
die Zerstörung	destruction

2 *Specimen sentences*

Die alten Burgen und die wunderschöne Landschaft entlang des Rheins ziehen Millionen von Besuchern aus der ganzen Welt an.

The old castles and the beautiful countryside along the Rhine attract millions of tourists from around the world.

Mehr als 60% aller Westeuropäer verbringt die Sommerferien immer am Meer, insbesondere am Mittelmeer.

More than 60% of Western Europeans enjoy spending their summer holidays at the seaside, especially on the Mediterranean.

Das Skilaufen hat sich zum Massensport entwickelt: ungefähr jeder zehnte Deutsche fährt in seiner Freizeit Ski.

Skiing has developed into a sport for the masses: approximately one in ten Germans go skiing in their leisure time.

Die extreme Hitze in Griechenland und Spanien ist nur durch Klimaanlagen zu ertragen.

It's so hot in Greece and Spain that you need air conditioning to survive.

Der Flugplatz und die neu geplante Autobahn werden den schönsten Teil dieser Landschaft mit einigen seltenen Vogelarten vernichten.

The airport and the newly planned motorway will destroy the most beautiful part of the countryside along with some rare types of bird.

3 Specimen paragraph

Die Tourismusbranche ist eine große und wichtige Dienstleistungsbranche in Deutschland. Es gibt 3 Millionen Beschäftigte, mehr als 100.000 Ausbildungsplätze, 300.000 Unternehmen, von der Jugend-herberge bis zur Fluggesellschaft. Die Branche wächst und wird in der Zukunft immer wichtiger werden — auch dank immer mehr Touristen aus Russland und China.

The tourism industry is a huge and important service sector in Germany. There are 3 million employees, more than 100,000 traineeships, 300,000 companies, from youth hostels to airlines. The industry is growing fast and will become even more important in the future — this is also thanks to the growing number of tourists from Russia and China.

4 Essay titles

Wer profitiert vom Massentourismus, wem schadet er?

Was bedeutet sanfter Tourismus?

„Die beste und billigste Form der Erholung findet bei mir zu Hause statt — ich brauche keinen Urlaub!" Was denken Sie?

Statt 3 Wochen Strandurlaub in Spanien, gibt es immer mehr Menschen, die vier oder fünf Kurzurlaube im Jahre machen. Was spricht dafür, was spricht dagegen?

Wie würde Ihr idealer Urlaub aussehen?

Was spricht für und gegen Urlaub mit Eltern?

G Leisure and culture

1 Selected vocabulary

anspruchslos/anspruchsvoll	undemanding/demanding
auf ein Konzert gehen (5, gegangen)*	to go to a concert
der Ausgleich	balancing out
die Ausstellung (en)	exhibition
die Band (s)	band (pop)
bewundern (3)	to admire
die Bowlingbahn (en)	bowling alley
der Chor (¨e)	choir
die Eisbahn/Schlittschuhbahn (en)	ice rink, skating rink
es mangelt an (1)	there is a lack of
das Freibad (¨er)	outdoor swimming pool
das Freizeitangebot (e)	range of leisure activities
die Freizeitbeschäftigung (en)	hobby, leisure activity
das Gemälde (~)	painting
das Hallenbad (¨er)	indoor swimming pool
die Handlung (en)	plot
die Hauptrolle (n)	leading part/role
sich identifizieren mit (3)	to identify with
sich interessieren für (3)	to be interested in
das Jugendzentrum (-zentren)	youth centre, youth club
der Kinofilm (e)	movie
klischeehaft	stereotyped
die Kneipe (n)	pub
künstlich	artificial
Langeweile haben (1)	to be bored
lebendig	vivid
malen (1)	to paint
modisch	fashionable, trendy
das Musikinstrument (e)	musical instrument
der Roman (e)	novel
sinnvoll	sensible
spannend	exciting, thrilling
der Stil (e)	style
subventionieren (3)	to subsidise
das Theaterstück (e)	play

sich treffen mit (5, getroffen)	to meet up with
unterhaltsam	entertaining
der Wald (¨er)	forest
witzig	funny, humorous, witty
die Zuschauer/das Publikum	audience

2 Specimen sentences

Das Hallenbad ist nur mittwochs in der Zeit von 9–11 Uhr geschlossen, sonst hat es immer von 8–18 Uhr geöffnet.	The indoor swimming pool is closed from 9 a.m. till 11 a.m. on Wednesdays, otherwise it is open every day from 8 a.m. till 6 p.m.
Meine beste Freundin richtet sich nach der Mode und muss dafür jeden Monat mindestens 150 Euro ausgeben.	My best friend follows fashion very closely and therefore has to spend at least 150 euros every month.
Leider müssen viele Theater, Museen und Opernhäuser vom Staat subventioniert werden.	Unfortunately many theatres, museums and opera houses have to be subsidised by the state.
Ich mag Discomusik und ganz besonders Techno, aber ich halte jedoch nicht viel von klassischer Musik.	I like disco music and I'm particularly keen on techno, but I don't think much of classical music.
Dieser Film soll wirklich toll sein, er hat ausgezeichnete Kritiken bekommen.	This film is supposed to be really great. It has received excellent reviews.

3 Specimen paragraph

Ich hatte Schwierigkeiten, ausführliche Informationen zum Thema „DDR" zu finden, aber der Verkäufer in dem Buchgeschäft hat für mich ein gutes Buch bestellt. Dieses 250 Seiten starke Buch behandelt das Thema DDR sehr umfassend. Es gibt viele Bilder und Tabellen in diesem Buch. Das Buch liest sich gut und am Ende werden viele nützliche Webseiten empfohlen.	I was having difficulties finding detailed information on the subject "DDR", but the shop assistant in the bookshop ordered a good book for me. This 250-page book deals with the subject DDR very comprehensively. There are many photographs and charts in this book. The book reads well and recommends a lot of useful websites at the end.

4 Essay titles

Was sind Ihre Lieblings-Freizeitbeschäftigungen? Wie finden Sie persönlich die folgenden Aktivitäten:

- mit Freunden Klamotten einkaufen gehen
- in ein Konzert gehen
- ins Theater oder Museum gehen
- ins Kino gehen

Sind Sie mit dem kulturellen Leben in ihrer Region zufrieden? Was gefällt Ihnen gut, was könnte besser sein, was fehlt?

Sind Sie ein modebewußter Mensch? Wo ist Ihrer Meinung nach Mode wichtig, wo weniger?

Beschreiben Sie einen deutschsprachigen Film, ein Theaterstück oder ein Buch. Gehen Sie insbesondere ein auf

- die Handlung
- die Charaktere
- die Intention
- was Ihnen besonders gut gefällt und was nicht

H Technology

1 Selected vocabulary

ablehnen (1)	to disapprove, reject
sich absondern (1)	to isolate oneself
anonym	anonymous
bearbeiten (3)	to edit
behindert	disabled
der Benutzer (~)	user
beschleunigen (3)	to accelerate
der Bildschirm (e)	screen
der Computervirus (-viren)	computer virus
die Datei (n)	file
die Daten	data
Daten übertragen (4)	to transfer data
die Maus klicken (1)	to click the mouse
die Dienstleistung (en)	service
der Drucker (~)	printer
effektive Kontrolle	effective control

ersetzen (3)	to replace
immer erreichbar	always accessible
keinen Kontakt mehr haben (1)	to be out of touch
kontrollieren (3)	to check
der Kreditkartenbetrug	credit card fraud
löschen (1)	to delete
missbrauchen (3)	to abuse
nachweisen (5, nachgewiesen)	to prove
persönliche Daten ausspähen (1)	to spy out personal data
die Realitätsflucht	escapism, trying to escape from the real world
recherchieren (3)	to investigate, look for
die Sehstörung (en)	eyesight problems
seine Fantasien ausleben (1)	to live out one's fantasies
simsen (1)	to text
die SMS	text message
speichern (1)	to save
die Strahlung	radiation
die Suchmaschine (n)	search engine
der Tarif (e)	rate
überwachen (3)	to supervise, observe
verbieten (5, verboten)	to prohibit, forbid
verschicken (3)	to send, mail
Zeit sparen (1)	to save time
der Zugriff	access

2 *Specimen sentences*

Es wird befürchtet, dass einige Leute, die Handys intensiv nutzen, an Krebs erkranken können.

It is feared that some heavy users of mobile phones could develop cancer.

Die Computertechnologie hat einige Arbeitsplätze zerstört — Menschen wurden durch Industrieroboter ersetzt — aber auch viele neue Arbeitsplätze geschaffen.

Computer technology has destroyed some jobs — people have been replaced by industrial robots — but it also created many new jobs.

Der Handymarkt unterliegt einem sehr schnellen Wandel — nach wenigen Monaten ist das neuste Modell schon veraltet.

The mobile phone market is undergoing rapid changes — the latest models are already out of date after a few months.

Ein großes Problem für den Einzelhandel ist es, dass viele Leute sich die Produkte im Geschäft genau anschauen und sie dann im Internet billiger bestellen.

A big problem for retailers is the fact that many people go to shops to check the products thoroughly and then order them cheaper via the internet.

Ein Problem vieler Handys ist, dass sie für die meisten älteren Menschen zu klein sind, die Displays nicht lesbar sind und die Tasten schwer zu bedienen sind.

Many mobile phones are too small for most older people. The problem is that the displays are illegible and the buttons are difficult to manage.

3 Specimen paragraph

Benutzer des Internets erwarten schnellen Zugriff auf Informationen, die sie selbst auswählen und nicht raffinierte Werbung. Normalerweise ermöglichen das größtenteils Suchmaschinen. Aber während eine Suchmaschine anfängt die Antworten zu sortieren, wird Werbung zum Thema gezeigt. Sehr oft sucht der Benutzer unter der Werbung weiter: dadurch kann die Werbung jedem Benutzer angepasst werden.

Users of the internet expect to access information of their choosing quickly, rather than sophisticated advertising. Normally search engines make this possible to a large extent. But while a search engine begins to tailor its responses, advertising based on the subject is included. Very often the user will pursue the advert further, whereby the advertising becomes targeted to each user.

4 Essay titles

Was sind die Vorteile, was sind die Nachteile von Handys?

Sollte es für den Gebrauch von Handys in der Öffentlichkeit Regeln geben? Wo sind Verbote akzeptabel, wo sollte der freie Gebrauch erlaubt sein?

Bei welchen Dingen kann das Internet eine echte Hilfe für die Menschen sein?

Welche möglichen Gefahren gibt es im Internet?

Nennen Sie fünf Beispiele, wie man älteren Menschen die Angst vor Computern nehmen und ihnen den Umgang mit PC und Internet zeigen kann.

The world of school and work

1 Selected vocabulary

abwechslungsreich	varied
Arbeitsplätze abbauen (1)	to cut jobs
die Arbeitskraft (¨e)	labour force
arbeitslos	unemployed
die Arbeitslosenquote	unemployment figure/level
auf die Universität (Uni) gehen (5, gegangen)*	to go to university
der Aufsatz (¨e)	essay
der Ausbildungsplatz (¨e)	training vacancy
die Aussicht (en)	prospect
der/die Auszubildene (n)/Azubi (s)	trainee
Bafög	grant for students
die Berufsschule (n)	technical/vocational college
durchfallen (2)*	to fail an exam
faul	lazy
das G8 (Abitur nach 8 Jahren Gymnasium)	A-levels after 8 years (instead of 9)
das Gehalt (¨er)	salary
gerecht/fair	fair
die Gesamtschule	comprehensive school
Ich bin gut in Deutsch	I am good at German
die Klassenarbeit/Klausur	test, exam
den Kriegsdienst verweigern	to refuse military service
loben (1)	to praise
locker	laid-back
Nachhilfe	extra tuition
die Note (n)	mark, grade
offene Stellen	vacancies
pauken (1)/büffeln (1)	to learn, swot
die Prüfung bestehen (5, bestanden)	to pass an exam
zur Schule gehen (5, gegangen)*	to go to school
die Schulkantine	school canteen
sitzenbleiben (5, sitzengeblieben)*	to fail and repeat the school year
streng	strict
der Teilzeit-Job	part-time job
sich umschulen lassen (2)	to be retrained
der Unterricht	lessons, classes

sich verwirklichen (3)	to realise one's potential
der Wehrdienst	military service
die Wehrpflicht	compulsory military service
das Zeugnis (se)	report, certificate
der Zivildienst	community service

2 Specimen sentences

Als Auszubildener in Deutschland erhält man eine praktische Berufsausbildung und nimmt am Unterricht in der Berufsschule teil.	As an trainee in Germany you receive practical on-the-job training and take part in courses at a technical/vocational college.
Er ist schon einmal in der zehnten Klasse wegen seiner schlechten Noten sitzengeblieben.	He has already failed the tenth year once because of his poor marks.
Beim neuen Abitur nach acht Jahren (G8) wird häufig beklagt, dass die Anforderungen in der Schule zu hoch sind, was zu Leistungsdruck und dadurch zu Stress führt.	A common complaint about the new A-levels after 8 years is that too much is asked of students, which can lead to pressure to achieve and therefore to stress.
Viele Arbeitnehmer in Ostdeutschland müssen sich umschulen lassen und einen neuen Beruf erlernen, weil sie wenig Chancen haben eine Stelle zu finden.	Many workers in East Germany have to be retrained and learn a new trade, because they have little chance of finding a job.
Nach Beendigung meines Studiums habe ich gute Aussichten auf einen Arbeitsplatz — es gibt einen Mangel an Ingenieuren.	After completing my studies I have good prospects of finding a job — there is a lack of engineers.

3 Specimen paragraph

In Deutschland gehen die Kinder zuerst vier Jahre in die Grundschule und wechseln dann auf eine weiterführende Schule.	In Germany children go to primary school for 4 years before moving on to an upper school.

Am Ende der Grundschule entscheiden die Schüler zusammen mit den Eltern und Lehrern über die weiterführende Schule: die Hauptschule (Klasse fünf bis neun), die Realschule (Klasse fünf bis zehn) oder das Gymnasium (Klasse fünf bis dreizehn).	At the end of primary school, pupils decide together with parents and teachers which of the different schools they should go to: the Hauptschule (year 5 to year 9), the Realschule (year 5 to year 10) or the Gymnasium (year 5 to year 13).

4   Essay titles

Was sind die wichtigsten Unterschiede zwischen dem deutschen und dem englischen Schulsystem? Welche Aspekte gefallen Ihnen besser?

In Deutschland gibt es immer mehr Ganztagsschulen, einige Schulen haben Schuluniformen eingeführt. Was ist Ihre Meinung zu diesen Entwicklungen?

„Junge Leute müssen einen Beitrag für die Allgemeinheit leisten. Das deutsche System mit Wehr- und Zivildienst ist eine Möglichkeit. Es gibt auch andere!" Was halten Sie von dieser These?

Was ist nach dem Abitur am sinnvollsten?
- ein Jahr ins Ausland gehen und erst danach entscheiden
- erst mal arbeiten und Geld verdienen
- sofort studieren
- sofort eine Ausbildung beginnen
- eine Pause einlegen, ein paar Monate Urlaub oder nichts machen

J Transport

1   Selected vocabulary

Abgase	exhaust fumes
die Autobahn (en)	motorway
die Bauarbeiten	roadworks
der Berufsverkehr	rush-hour traffic
der Billigflieger (~)	budget airline
bleifreies Benzin	unleaded petrol
eine echte Alternative	a real alternative/option
die Fahrgemeinschaft (en)	car pool, car-sharing arrangement
das Fahrzeug (e)	vehicle
der Flugverkehr	air traffic

ein Auto mit geringem/hohem Benzinverbrauch	a car with low/high petrol consumption
die Geschwindigkeit	speed
günstig	cheap, at a good price
der ICE	high-speed train
in den Nahverkehr investieren (3)	to invest in/fund local traffic
der Katalysator	catalytic converter
die Klimaveränderung	climate change
das Kohlendioxid	carbon dioxide
die Lärmbelästigung	noise pollution
der Lastwagen/LKW (~)	lorry, truck
die LKW-Maut	toll for lorries
öffentliche Verkehrsmittel	public transportation
die Ökosteuer	environmental tax
der Ölpreis	oil price
profitieren von (3)	to benefit from
die S-Bahn (en)	high-speed urban railway, metro
das Schienennetz ausbauen (1)	to extend the rail network
sparsame Autos	economical cars
der Stau (s)	traffic jam
die Straßenbahn (en)	tram
die Strecke (n)	route, stretch of road
das Tempolimit (s)	speed limit
transportieren (3)	to carry, transport
die U-Bahn (en)	underground, tube
der überfüllte Bus (se)	crowded bus
umsteigen (5, umgestiegen)*	to change
verbrauchen (3)	to consume
verschmutzen (3)	to pollute
verursachen (3)	to cause
Zeit und Geld sparen (1)	to save time and money

2 *Specimen sentences*

Ein großes Problem ist, dass zu viele Züge Verspätung haben und die Leute dann nicht pünktlich zur Arbeit kommen.

One big problem is that too many trains are running late and then people don't get to work on time.

Die Preise für Billigflieger sind in den letzten Jahren gefallen, die Preise für Fahrkarten für die Bahn stark gestiegen.	The prices for budget airlines have fallen in recent years; the prices for train tickets have risen significantly.
Die Benzin- und Dieselpreise an Deutschlands Tankstellen sind auf Rekordniveau und steigen weiter.	Petrol and diesel prices at German petrol stations are at record levels and rising further.
Benzin wird immer knapper und daher könnten Biotreibstoffe wie Biodiesel zu einer echten Alternative werden.	Petrol is becoming scarcer and so biofuels such as biodiesel could become a real alternative.
In 55 Minuten kann man von Frankfurt nach London fliegen, dank der Billigflieger manchmal nur zum Preis einer Fahrkarte von Köln nach Düsseldorf.	In 55 minutes you can fly from Frankfurt to London, and thanks to budget airlines, sometimes for the cost of a train ticket from Köln to Düsseldorf.

3 Specimen paragraph

Die neu geplante Autobahn in Süddeutschland ist sehr umstritten. Gegener sagen, dass sie den schönsten Teile der Landschaft zerstören wird. Befürworter glauben, dass die Industrieinteressen wichtiger sind und die Region von der neuen Autobahn profitieren wird.	The newly planned motorway in South Germany is very controversial. Protesters say that it will destroy the most beautiful parts of the country-side. Supporters believe that the interests of industry are more important and that the region will benefit from the new motorway.

4 Essay titles

Kilometerlange Staus auf den Autobahnen und verstopfte Stadtzentren — sind andere Transportmittel eine echte Alternative?

Wie sollte man in Zeiten ständig steigender Benzinpreise reagieren? Muss man beispielsweise unbedingt jede Strecke mit dem Auto fahren?

Warum fahren so viele Leute so gern Auto und so ungern Bus oder Zug? Ist das Auto mehr als bloß ein Transportmittel?

Welche Transportmittel sind am umweltfreundlichsten? Welche Rolle soll die Umwelt bei der Wahl der Verkehrsmittel spielen?

Immer mehr Länder in Europa denken über eine LKW- und PKW-Maut für Autobahnen und Stadtzentren nach. Was spricht für und gegen solche Pläne?

K The media

1 Selected vocabulary

abonnieren (3)	to subscribe to
beeinflussen (3)	to influence
die Berichterstattung (en)	news coverage
sich beschäftigen mit (3)	to take interest in
das Bildungsfernsehen	educational television
die breite Masse (n)	the masses
die Brutalität	brutality
die Dokumentarsendung (en)	documentary
durch Werbeeinnahmen finanzieren (3)	to bc financed by advertising revenue
die Einschaltquote (n)	audience rating
die Fernsehanstalt (en)	television station
die Fernsehgebühren	television licence fee
die Fernsteuerung	remote control
die Flucht	escape
Gewalt verherrlichen (3)	to glorify violence
gewalttätig	violent
die Hauptsendezeit (en)	prime time
die heile Welt	an ideal world
materialistisch	materialistic
Nachrichten	news programme
das Nachtprogramm (e)	late-night shows
die Pressefreiheit	freedom of the press
die Scheinwelt	a bogus world
die Sensationsnachricht (en)	sensational story
sich identifizieren mit (3)	to identify (oneself) with
ständig vor der Glotze hocken (1)	to be a couch potato
subventionieren (3)	to subsidise
die Tageszeitung (en)	daily newspaper
unkritisch	uncritical
sich unterhalten (4)	to entertain
verdummen (3)	to dull sb.'s mind
verharmlosen (3)	to make sth. appear harmless
die Vermarktung	commercialisation, promotion
der Videoclip (s)	video clip
mit Vorsicht genießen (5, genossen)	to take with a pinch of salt
der Werbeblock (¨e)	commercial break

die Werbung	advertising
die Wirklichkeit	reality
zappen (1)	to surf, channel-surf
zum x-ten Mal	for the n-th time

2 Specimen sentences

Es gibt immer weniger Bildungs-fernsehen oder es ist ins Nacht-programm abgedrängt worden.

Nowadays there are fewer educational programmes or they have been pushed into late-night spots.

Ist es wahr, dass gewalttätige Fernseh-sendungen und Videofilme zu aggres-sivem Verhalten bei Kindern führen kann, die diese Sendungen sehen?

Is it true that violent television programmes and video films can lead to aggressive behaviour in children who watch them?

Einer der großen Gefahren der Werbung ist, dass sie immer neue Wünsche weckt und die Menschen dadurch unzufriedener werden.

One of the great dangers of advertising is that it creates more and more wishes and so people become more unhappy.

Ich finde, dass das Fernsehprogramm in letzter Zeit schlechter geworden ist: nur noch Serien, Seifenopern oder blöde Talkshows und keine anspruchs-vollen Dokumentarsendungen mehr.

I think that television programmes have got worse lately: only series, soap operas or stupid chat shows and no more sophisticated documentaries.

Neben der ARD und dem ZDF gibt es in Deutschland viele kommerzielle Sender, wie etwa RTL oder SAT 1, die durch Werbeeinnahmen finanziert werden.

In addition to ARD and ZDF there are many commercial broadcasting companies in Germany, such as RTL and SAT 1, which are financed by advertising revenues.

3 Specimen paragraph

Die Berichtersattung dieser Zeitung ist in der Regel gründlich, seriös und zuverlässig. Es gibt viele interessante Artikel und man bekommt einen guten Überblick der politischen Lage im In- und Ausland. Andere Blätter bestehen nur aus Sensationsnach-richten über Stars und Sternchen und man sollte sie mit Vorsicht genießen.

The news coverage in this paper is usually thorough, serious and reliable. There are many interesting articles and you get a good view of the political situation at home and abroad. Other publications simply consist of sensational stories about stars and celebrities that should be taken with a pinch of salt.

4 *Essay titles*

Nennen Sie fünf Beispiele für einen positiven und einen negativen Einfluss des Fernsehens.

Bedeutet Pressefreiheit, dass alles im Fernsehen gezeigt und in Zeitungen geschrieben werden darf oder sollten bestimmte Dinge zensiert werden?

Gibt es zu viel oder zu wenig Werbung? Brauchen wir überhaupt Werbung? Wer profitiert von der Werbung, wem schadet sie?

Finden Sie es richtig, dass man im privaten Bezahlfernsehen immer mehr für Live-Spitzensport und aktuelle Filme zahlen muss, oder sollten diese Sendungen im öffentlichen Fernsehen für alle zu sehen sein?

Manche Eltern versuchen ihre Kinder ohne Fernsehen zu erziehen. Sie sagen, dass Radiosendungen und gute Zeitungen ausreichen! Was meinen Sie?

A The present tense

Regular verbs in the present tense are formed by using the infinitive stem + personal ending:

gehen: to go

ich	geh**e**	I go/I am going
du	geh**st**	you go (informal, singular)
er	geh**t**	he goes
sie	geh**t**	she goes
es	geh**t**	it goes
wir	geh**en**	we go
ihr	geh**t**	you go (informal, plural)
sie	geh**en**	they go
Sie	geh**en**	you go (formal, singular + plural)

Some verbs change their stem vowel in the *du* and *er/sie/es* forms. The stem vowel changes from *a* to *ä*:

waschen: to wash

ich	wasche	wir	waschen
du	w**ä**schst	ihr	wascht
er	w**ä**scht	sie	waschen
sie	w**ä**scht	Sie	waschen
es	w**ä**scht		

The stem vowel changes from *e* to *ie*:

sehen: to see

ich	sehe	wir	sehen
du	**sie**hst	ihr	seht
er	**sie**ht	sie	sehen
sie	**sie**ht	Sie	sehen
es	**sie**ht		

The stem vowel changes from *e* to *i*:

geben: to give

ich	gebe	wir	geben
du	g**i**bst	ihr	gebt
er	g**i**bt	sie	geben
sie	g**i**bt	Sie	geben
es	g**i**bt		

When the stem of the infinitive ends in -*chn*, -*d*, -*dn*, -*fn*, -*gn*, -*t* or -*tm*, the present tense is formed with the endings -*e*, -*est*, -*et*, -*en*, -*et*, -*en*.

The extra *-e* in the second and third person singular and in the second person plural helps pronunciation:

arbeiten: to work

ich	arbeite	wir	arbeiten
du	arbeit**est**	ihr	arbeitet
er	arbeit**et**	sie	arbeiten
sie	arbeit**et**	Sie	arbeiten
es	arbeit**et**		

When the stem of the infinitive ends in *-s, -x* or *-z*, no additional *-s* is required in the second person singular:

tanzen: to dance   **mixen:** to mix

du   tanzt   du   mixt

When the infinitive ends in *-eln* or *-ern*, the ending in the first and third persons plural is only *-n* instead of *-en*.

sammeln: to collect   **wandern:** to walk, hike

wir	sammeln	wir	wandern
sie/Sie	sammeln	sie/Sie	wandern

B Auxiliary verbs

It is vital to know the forms of the three auxiliary verbs inside out. They are called *Hilfsverben* in German, because they 'help' in forming tenses such as the present perfect or the future tense.

	sein: to be	**haben:** to have	**werden:** will
ich	bin	habe	werde
du	bist	hast	wirst
er/sie/es	ist	hat	wird
wir	sind	haben	werden
ihr	seid	habt	werdet
sie/Sie	sind	haben	werden

C Modal verbs

Modal verbs express relations between the doers of actions and the actions themselves. There are six modal verbs in German:

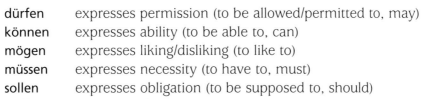
dürfen — expresses permission (to be allowed/permitted to, may)
könner — expresses ability (to be able to, can)
mögen — expresses liking/disliking (to like to)
müssen — expresses necessity (to have to, must)
sollen — expresses obligation (to be supposed to, should)
wollen — expresses desire (to want to)

dürfen			
dürfen	expresses permission (to be allowed/permitted to, may)		

The singular present tense of modal verbs is irregular; the plural is regular. There are a few tips to remember the irregular forms. The first and third person singular are identical for all six modal verbs. The second person adds simply *-st*.

dürfen

ich	darf	wir	dürfen
du	darfst	ihr	dürft
er/sie/es	darf	sie/Sie	dürfen

können

ich	kann	wir	können
du	kannst	ihr	könnt
er/sie/es	kann	sie/Sie	können

mögen

ich	mag	wir	mögen
du	magst	ihr	mögt
er/sie/es	mag	sie/Sie	mögen

müssen

ich	muss	wir	müssen
du	musst	ihr	müsst
er/sie/es	muss	sie/Sie	müssen

sollen

ich	soll	wir	sollen
du	sollst	ihr	sollt
er/sie/es	soll	sie/Sie	sollen

wollen

ich	will	wir	wollen
du	willst	ihr	wollt
er/sie/es	will	sie/Sie	wollen

D The present perfect tense

The present perfect tense is the most common past tense form in conversational German. It is formed with an auxiliary verb (*haben* or *sein*) and the past participle of the main verb. This tense can correspond to either the

simple past or the present perfect in English. As outlined in Chapter 1A, it is useful to split the forms of the past participle up into five groups.

Group 1   kaufen ⟶ **ge**kauf**t**
Wir haben ein Haus gekauft.   We bought a house.

Group 2   sehen ⟶ **ge**sehen
Ich habe das Auto gesehen.   I saw the car.

Group 3   studieren ⟶ studier**t** (third person singular of the present tense)
Er hat in Hamburg studiert.   He studied in Hamburg.

Group 4   vergessen ⟶ vergessen (no change)
Sie hat ihren Schlüssel vergessen.   She has forgotten her key.

Group 5   trinken ⟶ **ge**trunken (irregular)
Mein Vater hat das Bier getrunken.   My father drank the beer.

The present perfect tense of some German verbs is formed with *sein* instead of *haben*. Such verbs usually denote a change of location or condition:

Ich bin nach Bonn gefahren.   I went to Bonn.

Er ist sehr früh aufgestanden.   He got up very early.

E The imperfect tense

The imperfect tense is sometimes called the simple past. It is used to relate a sequence of events. It appears primarily in written German, e.g. in novels, newspapers, magazines. It has very restricted use in conversational German.

There are basically three groups:

Group 1   No change in the stem
ich mache ⟶ ich machte

plus endings: *-te, -test, -te, -ten, -tet, -ten*

Group 2   Present tense stem with vowel change
es brennt ⟶ es brannte

or   new imperfect stem
wir denken ⟶ wir dachten

plus endings: *-te, -test, -te, -ten, -tet, -ten*

Group 3   Present tense stem with vowel change
sie fangen ⟶ sie fingen

or   new imperfect stem
du leidest ⟶ du littst

plus endings: *-, -(e)st, -, -en, -(e)t, -en*

Study these three examples:

	Group 1 **tanzen**	**Group 2** **rennen**	**Group 3** **fliegen**
ich	tanzte	rannte	flog
du	tanztest	ranntest	flogst
er/sie/es	tanzte	rannte	flog
wir	tanzten	rannten	flogen
ihr	tanztet	ranntet	flogt
sie/Sie	tanzten	rannten	flogen

The imperfect forms of the auxiliary verbs *sein, haben* and *werden* are not restricted to narration, however. They are freely used in German conversation. The imperfect forms of these verbs are irregular:

	sein	**haben**	**werden**
ich	war	hatte	wurde
du	warst	hattest	wurdest
er/sie/es	war	hatte	wurde
wir	waren	hatten	wurden
ihr	wart	hattet	wurdet
sie/Sie	waren	hatten	wurden

F The past perfect tense

The past perfect tense, also called the pluperfect tense, refers both in German and in English to a past event that occurred before another past event. It is formed like the present perfect but takes the imperfect form of the auxiliary verbs, *haben* or *sein*:

Ich war hungrig, denn ich hatte nichts gegessen.	I was hungry, because I had not eaten anything.
Wir fühlten uns müde, weil wir den ganzen Tag gelaufen waren.	We felt tired, because we had been walking all day.

	lernen (1)		**fahren** (2)	
ich	hatte	gelernt	war	gefahren
du	hattest	gelernt	warst	gefahren
er/sie/es	hatte	gelernt	war	gefahren
wir	hatten	gelernt	waren	gefahren
ihr	hattet	gelernt	wart	gefahren
sie/Sie	hatten	gelernt	waren	gefahren

G The future tense

The future tense is formed with the auxiliary verb *werden* and the infinitive of the main verb:

	schreiben	
ich	werde	schreiben
du	wirst	schreiben
er/sie/es	wird	schreiben
wir	werden	schreiben
ihr	werdet	schreiben
sie/Sie	werden	schreiben

In German, if it is clear that the future is intended — through an adverb or a prepositional phrase, which indicates time — the present rather than the future tense is used:

Wir kommen morgen an.	We will arrive tomorrow.
Sie kommen in einer Stunde an.	They'll arrive in an hour.

The future tense is used if the adverb or the prepositional phrase is not expressed:

Sie werden ihre Eltern besuchen.	They will visit their parents.

H The imperative mode

The form of a command depends upon the speaker's relationship to the person(s) being addressed. Just as there are three different forms of address (*Sie, ihr, du*), there are three corresponding imperative forms.

The formal or polite command (singular and plural) uses the *Sie* form, for one or more people. In English this is the same as addressing someone as Mr, Mrs or Doctor Bloggs to indicate respect or politeness:

Kommen Sie herein!	Come in!
Setzen Sie sich!	Sit down!
Frau Schmidt, erzählen Sie die Geschichte!	Mrs Schmidt, tell the story!
Meine Herren, bitte greifen Sie zu!	Gentlemen, please help yourself!

The familiar command uses *ihr* in the plural, for several people whom you would call by their first names. The pronoun *ihr* is dropped:

Kommt herein!	Come in!
Setzt euch!	Sit down!
Lisa, Tom, holt die Getränke!	Lisa, Tom, get the drinks!
Singt lauter bitte!	Sing louder, please!

The familiar command uses *du* in the singular, for one person whom you would call by his/her first name. The pronoun *du* and the *-en* of the infinitive are dropped:

Komm herein!	Come in!
Setz dich!	Sit down!
Paul, geh in die Schule!	Paul, go to school!
Bitte kauf das Auto!	Please buy the car!

The passive voice

In the passive voice the subject of the sentence is the receiver rather than the doer of the action expressed by the verb. It is used to emphasise the process or activity rather than the doer or the cause of the activity.

Active

Der Lehrer fragt den Schüler.   The teacher asks the student.
 (subject)   (object)

Passive

Der Schüler wird von dem Lehrer gefragt. The student is asked by the teacher.
 (subject)   (object)

The present tense passive in German uses the present tense of the verb *werden*; in English it uses the present tense of the verb 'to be'. In both languages the past participle of the main verb is used:

Der Junge wird von seinem Vater abgeholt.	The boy is picked up by his father.

The doer or agent was the subject of the active sentence. In the passive it is preceded either by *von* or *durch*.

If it is a personal agent it is preceded by *von* and is in the dative case:

Die Erde wird von den Menschen zerstört.	The earth is destroyed by human beings.

If the agent is the means by which something is done, it is preceded by *durch* and is in the accusative case:

Die Erde wird durch die Stürme zerstört.	The earth is destroyed by the storms.

Many passive sentences in German do not express an agent. The doer of the action in the active sentence is simply dropped in the passive sentence:

Active

Der Mann repariert die Tür.	The man repairs the door.

Passive

Die Tür wird repariert.	The door is repaired.

To form the other tenses in the passive voice the verb *werden* is used in the appropriate tense, together with the past participle of the main verb.

Imperfect passive

Das Problem **wurde** schnell gelöst. *(imperfect of werden)*	The problem was quickly solved.

Present perfect and pluperfect passive

Unlike in active present perfect tense sentences, only the auxiliary verb *sein* is used in the formation of the present perfect and pluperfect passive. The past participle of *werden* is *geworden*; however, the *ge-* prefix is dropped in these tenses.

Active

Der Arzt hat das Auto gekauft.	The doctor has bought the car.
Die Frau hatte das Kind gerettet.	The woman had saved the child.

Passive

Das Auto ist vom Arzt gekauft worden.	The car has been bought by the doctor.
Das Kind war von der Frau gerettet worden.	The child had been saved by the woman.

Future passive

The future passive is formed by the present tense of *werden*, the past participle of the main verb and *werden*.

Active

Mein Bruder wird mich besuchen.	My brother will visit me.

Passive

Ich werde von meinem Bruder besucht werden.	I will be visited by my brother.

J The subjunctive

The subjunctive is used to make a hypothetical statement, to express a wish that is not likely to be fulfilled, to make polite requests or to quote indirectly what another person has said.

The endings are: *-e, -est, -e, -en, -et, -en.*

There are five types of subjunctive:

Present subjunctive (*Konjunktiv 1*):   rarely used

Future subjunctive (*Konjunktiv 1*):   very rarely used

Perfect subjunctive (*Konjunktiv 2*):   sometimes used

Imperfect subjunctive (*Konjunktiv 2*):   often used

Pluperfect subjunctive (*Konjunktiv 2*): often used

Present subjunctive

The present subjunctive is formed with the infinitive stem plus the subjunctive endings:

ich	lebe	wir	leben
du	lebest	ihr	lebet
er/sie/es	lebe	sie/Sie	leben

Lang lebe der König!	Long live the king!

The verb *sein* is the only exception. It has six irregular forms:

ich	sei	wir	seien
du	seist	ihr	seiet
er/sie/es	sei	sie/Sie	seien

Seien Sie bitte still!	Please be quiet!

Future subjunctive

The future subjunctive is formed with the present subjunctive of *werden* and the infinitive of the main verb:

Er werde fahren.	He might be going.

Perfect subjunctive

The perfect subjunctive is formed with the present subjunctive of either *haben* or *sein* and the past participle of the main verb.

Er sagt, er habe seine Hausaufgaben gemacht.	He says he has done his homework.
Sie sagt, sie sei sofort nach Hause gegangen.	She says she went straight home.

Imperfect subjunctive

As with the imperfect indicative, it is useful to differentiate between three groups.

Group 1

In the first group the imperfect indicative is identical to the imperfect subjunctive:

Imperfect indicative

Ich lebte gern in Berlin.   I liked living in Berlin.

Imperfect subjunctive

Ich lebte gern in Berlin.   I would like to live in Berlin.

This can be confusing. Therefore, if a verb from the first group is used in the subjunctive, the conditional with *würde* is generally used instead. Thus the intention of the speaker becomes clear:

Ich würde gern in Berlin leben.   I would like to live in Berlin.

Group 2

In the second group the verbs *brennen*, *kennen*, *nennen*, *rennen*, *senden* and *wenden* use the third person singular present tense plus the subjunctive endings:

Die Kerze brenn**te**.   The candle would burn.

Ich sende**te** etwas.   I would send something.

Group 3

In the third group the subjunctive endings are added to the imperfect stem. Those verbs containing the vowels *a, o, u* in the imperfect stem add an umlaut:

Er ginge nach Hause.   He would go home.

Wir k**ä**men am Freitag.   We would come on Friday.

Ich f**ü**hre nach England.   I would go to England.

Wir h**ä**tten kein Geld.   We wouldn't have any money.

W**ä**ret ihr dort?   Would you be there?

Pluperfect subjunctive

The pluperfect subjunctive is formed with the imperfect subjunctive of the auxiliary verbs *haben* or *sein* and the past participle of the main verb. It corresponds to the English had + past participle or the English past conditional would + have + past participle. Very often it is used with hypothetical statements.

Wenn sie nur gegessen hätte.	If only she had eaten.
Wäre er krank gewesen, hätte er nicht gespielt.	If he had been ill, he wouldn't have played.

K The infinitive

The infinitive is the part of the verb listed in a dictionary. It means 'to...'.

Examples

trinken	to drink
sein	to be

In German the infinitive can be used with or without *zu*.

1 The infinitive without zu

The infinitive is used without *zu*:

(a) In conjunction with modal verbs:

Er will Fußball spielen.	He wants to play football.
Sie muss schnell gegessen haben.	She must have eaten quickly.
Sie dürfen hier nicht rauchen.	You are not allowed to smoke here.

(b) After *bleiben*, *finden* and *haben* when followed by a verb indicating position:

Das Auto blieb plötzlich stehen.	The car suddenly stopped.
Wir fanden den Hund im Bett liegen.	We found the dog lying in bed.

(c) After certain verbs of motion, e.g. *fahren*, *gehen*, *kommen*. The verb in the infinitive describes the reason for going:

Ich gehe jetzt duschen.	I am going to take a shower.
Ich fahre jetzt einkaufen.	I am going shopping now.

(d) After *lassen* (in the sense of somebody doing something for you):

Wir ließen unseren Wohnwagen streichen.	We had our caravan painted.

(e) After some verbs of perception, e.g. *hören*, *sehen*:

Ich hörte sie arbeiten.	I heard them work.
Wir sahen ihn spielen.	We saw him play.

2 The infinitive with zu

Zu + infinitive is found at the end of a clause:

Es ist wunderbar hier zu sein.	It is wonderful to be here.

If the verb in the infinitive is a separable verb, the *zu* is inserted between the separable prefix and the verb:

Er hat versprochen den Brief abzuschicken.	He has promised to post the letter.

The infinitive is used with *zu*:

(a) After certain prepositions, e.g. *um...zu*, *anstatt...zu*:

Sie ist zu betrunken um ihr Auto zu fahren.	She is too drunk to drive her car.
Sie sieht fern anstatt den Hund zu füttern.	She is watching television instead of feeding the dog.

(b) After certain verbs, e.g. *brauchen*, *haben*, *scheinen*:

Wir brauchen nicht zu bleiben.	We don't need to stay.
Ihr habt viel zu wiederholen.	You have a lot to revise.
Er scheint müde zu sein.	He seems to be tired.

(c) After certain adjectives, e.g. *einfach*, *leicht*, *schwer*:

Die Geschäfte sind einfach zu finden.	The shops are easy to find.
Dieses Problem ist leicht zu lösen.	This problem is easy to solve.
Deine Frage ist schwer zu beantworten.	Your question is hard to answer.

(d) In comparative phrases:

Es ist besser im Bett zu bleiben, als im Regen spazieren zu gehen.	It is better to stay in bed than to walk in the rain.

CHAPTER 3

Other grammar items

A Nouns, articles and cases

1 Nouns and articles

Nouns have three different genders in German: masculine, feminine and neuter. They are used with the definite article 'the' and the indefinite article 'a'. For example:

	Masculine	**Feminine**	**Neuter**
Definite article	der Vater	die Mutter	das Kind
Indefinite article	ein Vater	eine Mutter	ein Kind

Plurals of nouns

Die is the article used with plurals of all genders. There is no plural for 'a' — but you could use *viele* ('many'). Most plural forms of German nouns follow one of the patterns in the table below. The changes are highlighted in bold.

Word ends in...	**-e**	**-el, -en, -er**	**Other endings**
Masculine	Riese ⟶ Riese**n**	Apfel ⟶ **Ä**pfel Wagen ⟶ Wagen Teller ⟶ Teller	Tag ⟶ Tag**e**
Feminine	Küche ⟶ Küche**n**	Schüssel ⟶ Schüssel**n**	Frau ⟶ Frau**en**
Neuter	—	Siegel ⟶ Siegel Becken ⟶ Becken Zimmer ⟶ Zimmer	Buch ⟶ B**ü**ch**er** Jahr ⟶ Jahr**e**

While some of these rules help to predict how a noun forms its plural there are still quite a few exceptions, which is why you need to learn your vocabulary carefully.

Common exceptions
der Park ⟶ die Parks (noun of foreign origin)
die Mutter ⟶ die Mütter
das Drama ⟶ die Dramen (noun of foreign origin)

2 Cases

In German the definite and indefinite articles change their endings according to the position and function of the noun in the sentence. There are four different cases that you need to use: nominative, accusative, dative and genitive.

Nouns that are the subjects, or 'doers', of the verb take the **nominative case**, shown here in bold:

Der fleißige Vater kocht.	**Ein fleißiger Vater** kocht.
Die alte Mutter spielt mit dem Kind.	**Eine alte Mutter** spielt mit dem Kind.
Das müde Kind schreit.	**Ein müdes Kind** schreit.

The following verbs are followed by the nominative case:

bleiben: to remain
Du bleibst mein Freund. You remain my friend.

heißen: to be called
Sie heißt Frau Walter. She is called Ms Walter.

sein: to be
Sie ist meine Freundin. She is my girlfriend.

werden: to become
Er wird ein guter Lehrer. He is becoming a good teacher.

Prepositions

In German, nouns that follow prepositions always change their case from the nominative. Prepositions, often called **trigger words**, change the case of the noun to the accusative, the dative and sometimes to the genitive, as shown in the examples below.

Accusative
Er geht **durch** den Bahnhof. He is walking through the train station.
der Bahnhof ⟶ den Bahnhof

Dative
Sie kommt **aus** der Schule. She is coming from school.
die Schule ⟶ der Schule

Genitive
Der Turm ist **jenseits** des Sees. The tower is on the other side of the
der See ⟶ des Sees lake.

Prepositions with articles
The following section is an overview of prepositions, the case they take and their effect on the articles that follow them. You should also be aware of the following:

Ein-word noun modifiers — *mein, dein, sein, ihr, unser, euer, kein* — take the same endings as *ein* in the tables overleaf.

Example
Ich wasche **die** schmutzigen Hemden. I am washing the dirty shirts.
Ich wasche **seine** schmutzigen Hemden. I am washing his dirty shirts.

Der-word noun modifiers — *dieser, mancher, jeder, solcher, welcher* — take the same endings as *der* in the tables below.

Example

Sie kennt **den** großen Mann.	She knows the tall man.
Sie kennt **diesen** großen Mann.	She knows this tall man.

Accusative

The prepositions that take the accusative are: *bis, durch, für, gegen, ohne, um.*

	Masculine	Feminine	Neuter	Plural
Definite article	den	die	das	die
Indefinite article	einen	eine	ein	viele

Dative

The prepositions that take the dative are: *aus, außer, bei, gegenüber, mit, nach, seit, von, zu.*

	Masculine	Feminine	Neuter	Plural
Definite article	dem	der	dem	den
Indefinite article	einem	einer	einem	vieler

Genitive

The prepositions that take the genitive are: *anstatt, statt, innerhalb, oberhalb, unterhalb, außerhalb, diesseits, jenseits, trotz, während, wegen, um...willen.*

	Masculine	Feminine	Neuter	Plural
Definite article	des	der	des	der
Indefinite article	eines	einer	eines	vieler

Accusative or dative?

The following prepositions can take either the accusative or the dative: *an, auf, hinter, in, neben, über, unter, vor, zwischen, entlang.*

The **accusative** case is used when the verb and preposition express a movement or direction towards a place, or a change of place. The **dative** is used when the verb expresses motion within a fixed location.

Accusative

Ich springe **in** den Fluss.	I am jumping into the river.

der Fluss ⟶ den Fluss

Dative

Ich schwimme **im (= in dem)** Fluss.	I am swimming in the river.

der Fluss ⟶ dem Fluss

If there is no preposition

If there is no trigger word the following rules apply:

Accusative

The **direct object of the verb** (the noun to which the action is being done) is used in the accusative case:

Er kauft **den kleinen Wagen.**	He buys the small car.
Er kauft **einen kleinen Wagen.**	He buys a small car.

Dative

The **indirect object of the verb** is used in the dative case. In English the indirect object often follows the prepositions 'to' and 'for'.

Sie kauft **ihrem kleinen Sohn** ein Boot.	She is buying a boat for her small son.
Er holt **seinem kleinen Kind** ein Eis.	He gets his little child an ice-cream. (He is getting an ice-cream for his little child.)

Genitive

The genitive case is used to show possession or relationships between two nouns. In English this is expressed by the preposition 'of' or with an apostrophe + 's'.

Sie kauft das Haus des netten Nachbarn.	She is buying the kind neighbour's house.
Die Seiten des Buches sind schmutzig.	The pages of the book are dirty.

Verbs followed by the dative

There are many verbs in German that are always followed by the dative case:

antworten: to answer
Er antwortet der Lehrerin.	He answers the teacher.

begegnen: to meet, come across
Wir sind ihm im Kino begegnet.	We met him in the cinema.

danken: to thank (for)
Ich danke ihm für das Geschenk.	I thank him for the present.

fehlen: to miss
Du fehlst mir.	I miss you.

folgen: to follow
Bitte folgen Sie mir!	Please follow me!

gefallen: to like
Das alte Haus gefällt seiner Frau.	His wife likes the old house.

gehören: to belong to
Das neue Auto gehört mir.	The new car belongs to me.

helfen: to help
Ich habe meinen Großeltern geholfen.	I helped my grandparents.

passen: to fit
Die neuen Turnschuhe passen mir gut.   My new trainers fit well.

schaden: to damage
Rauchen schadet ihrer Gesundheit.   Smoking damages your health.

B Adjectives

In German, adjectives that are placed **after** the nouns they describe do not change:

Der Stuhl ist alt.   The chair is old.

As you will have seen in the examples in the previous section, however, an adjective **preceding** a noun always takes an ending. The ending is determined by the number, gender and case of the noun it modifies, as shown in the following examples.

Nominative singular
Der alt**e** Stuhl ist kaputt.   The old chair is broken.

Nominative plural
Die alt**en** Stühle sind kaputt.   The old chairs are broken.

Accusative singular
Ich kaufe den alt**en** Stuhl.   I buy the old chair.

1 *Predicate adjectives*

When the adjective follows the noun and any form of the verbs *bleiben*, *sein* or *werden* it is used as a so-called **predicate adjective**. Predicate adjectives **do not** receive endings. However, if the adjective comes before the noun and verb, normal adjective endings are added.

Das Essen ist heiß.   **But:**   Das heiße Essen ist fertig.
Der Tee wird schon kalt.   **But:**   Der kalte Tee wird dir nicht schmecken.
Mein Chef bleibt gelassen.   **But:**   Mein gelassener Chef bleibt zu Hause.

In summary, the adjective ending depends on:

the gender and case of the noun it describes
or
the type of word (trigger word) that it follows

Gender of the noun

Ich kaufe **ein neues Haus** und **einen neuen Wagen**.
        (neuter)   *(masculine)*

Case of the noun

Der englische Gast gibt **dem anderen englischen** Gast den Schlüssel.
(nominative)   *(dative)*

Trigger word

Sie freut sich **über den neuen** Fernseher.
       *(**über** = accusative)*

2   *Adjective tables*

The following tables set out the endings you need to know in order to use adjectives effectively in German.

Adjectives used with *der*-words

		Singular		*Plural*
	Masculine	**Feminine**	**Neuter**	**All genders**
Nominative	der neu**e**	die neu**e**	das neu**e**	die neu**en**
Accusative	den neu**en**	die neu**e**	das neu**e**	die neu**en**
Genitive	des neu**en**	der neu**en**	des neu**en**	der neu**en**
Dative	dem neu**en**	der neu**en**	dem neu**en**	den neu**en**

Examples

Nominative masculine:	Der neue Chef ist wirklich gut.
Accusative neuter:	Ich kann das neue Auto sehen.
Genitive plural:	Wegen der neuen Lieder singt er.
Dative feminine:	Ich höre der neuen Lehrerin zu.

Adjectives used with *ein*-words

		Singular		*Plural*
	Masculine	**Feminine**	**Neuter**	**All genders**
Nominative	ein klein**er**	eine klein**e**	ein klein**es**	klein**e**
Accusative	einen klein**en**	eine klein**e**	ein klein**es**	klein**e**
Genitive	eines klein**en**	einer klein**en**	eines klein**en**	klein**er**
Dative	einem klein**en**	einer klein**en**	einem klein**en**	klein**en**

Examples

Nominative plural:	Kleine Häuser sind beliebt.
Accusative feminine:	Wir kaufen eine kleine Hütte.
Genitive neuter:	Trotz eines kleinen Gewitters sang er.
Dative masculine:	Er spricht mit einem kleinen Akzent.

Adjective endings without article or modifier

Adjectives that do not follow a definite or indefinite article, a *der*-word or an *ein*-word take the following endings:

		Singular		Plural
	Masculine	**Feminine**	**Neuter**	**All genders**
Nominative	alt**er**	alt**e**	alt**es**	alt**e**
Accusative	alt**en**	alt**e**	alt**es**	alt**e**
Genitive	alt**en**	alt**er**	alt**en**	alt**er**
Dative	alt**em**	alt**er**	alt**em**	alt**en**

Examples

Nominative masculine:	**Alter Wein ist wie Gold.**
Accusative neuter:	**Esst ihr viel dunkles Brot?**
Genitive plural:	**Trotz alter Freunde ist er einsam.**
Dative feminine:	**Sie stammt aus alter Familie.**

Adjectives that take the dative

Some adjectives are followed by the dative case. They usually follow the noun they govern. Here are some examples:

ähnlich: similar
Ich sehe ihm ähnlich.   I look similar to him.

bekannt: known to
Es ist dem Studenten bekannt.   It is known to the student.

klar: obvious
Es ist der Polizei klar.   It is obvious to the police.

Adjectives that take the genitive

A number of adjectives are followed by the genitive case. For example:

bewusst: conscious/aware of
Sie ist sich ihres Fehlers bewusst.   She is aware of her mistake.

fähig: capable of
Er ist eines Mordes fähig.   He is capable of murder.

C Adjectives and adverbs

The only distinction between adjectives and adverbs in German is whether they describe a noun or a verb:

Adjective
Er ist **ein guter Fußballspieler**. He is a good footballer.
Das war **eine schnelle Antwort**. That was a quick answer.

Adverb
Er **spielt gut Fußball**. He plays football well.
Sie **antwortete schnell**. She answered quickly.

1 Comparison

Adjectives and adverbs can express three levels of comparison: positive (comparison of equality), comparative and superlative.

Positive

Adjective: **Er ist ein vorsichtiger Fahrer.** He is a careful driver.
Adverb: **Er fährt vorsichtig.** He drives carefully.

Comparative

Both adjectives and adverbs can be used to make comparisons in German.

Comparative adjectives
In German the comparative is formed by adding *-er* to the adjective:

Das neue Auto ist **kleiner**. The new car is smaller.
Das neue Buch ist **interessanter**. The new book is more interesting.

Comparative adverbs
In English the word 'more' is always used as the comparative form of adverbs. But in German the comparative is formed by adding *-er* to the adverbs.

Adjective: **Sie ist eine sicherere Fahrerin als ihr Mann.** She is a safer driver than her husband.

Adverb: **Sie fährt sicherer als ihr Mann.** She drives more safely than her husband.

Irregularities
Some adjectives change their stem in the comparative. They add an umlaut or drop the *e* or the *c*:

alt ⟶ älter   old ⟶ older
jung ⟶ jünger   young ⟶ younger
teuer ⟶ teurer   expensive ⟶ more expensive
hoch ⟶ höher   high ⟶ higher

Superlative

Adjectives
In German the superlative is formed by adding *-st* or *-est* to the adjective.

The superlative form *am -(e)sten* is used with predicate adjectives, i.e. those that follow the verbs *sein*, *werden* and *bleiben*.

Ich möchte das größte Haus.	I would like the biggest house.
Wir hatten die kürzeste Pause.	We had the shortest break.
Sie ist am kleinsten.	She is the smallest.

Adverbs

The superlative form *am -(e)sten* is always used as the superlative of adverbs.

Adjective: **Wir sind die schnellsten Köche.** We are the quickest chefs.

Adverb: **Wir kochen am schnellsten.**   We cook the most quickly.

Irregularities

Some adjectives change their stem in the superlative. They add an umlaut or a *c*:

hart ⟶ härter ⟶ härtest-, am härtesten	hard ⟶ harder ⟶ hardest
nah ⟶ näher ⟶ am nächsten	near ⟶ nearer ⟶ nearest

Some adjectives and adverbs have irregular comparative and superlative forms:

gut ⟶ besser ⟶ best-, am besten	good ⟶ better ⟶ best
viel ⟶ mehr ⟶ meist-, am meisten	much ⟶ more ⟶ most

2   *Adverbs with no corresponding adjective*

Many German adverbs do not have a corresponding adjective form. There are three groups of such adverbs, referring to time, manner or place.

Adverbs referring to time

bald:	soon	Wir sind bald zu Hause.
jetzt:	now	Jetzt ist es zu spät.
oft:	often	Ich bin oft erkältet.

Adverbs referring to manner

gern:	gladly, like to	Ich helfe gern.
nicht:	not	Wir sind nicht zufrieden.
ziemlich:	rather	Es ist ziemlich kalt.

Adverbs referring to place

dort:	there	Dort drüben brennt es.
hier:	here	Sie war wirklich nicht hier.
weg:	away	Jetzt sind alle Würstchen weg.

D Word order

1 Statements

In German statements the main verb (conjugated verb) is always the second component of the sentence:

Die deutsche Sprache **macht** mir große Probleme.
Das **ist** keine Überraschung.

2 Questions

There are two main types of questions:

(a) Questions that start with a question word:

Was machst du am Wochenende?
question word + verb + subject

(b) Questions that start with a verb:

Hast du schon Pläne fürs Wochenende?
verb + subject

3 Imperative mode

In commands (imperative mode) the verb is the first component:

Trinken Sie das Bier aus, bitte!
Trinkt eure Gläser aus, bitte!
Trink bitte nicht so viel Wein!

4 Subordinating conjunctions and relative pronouns

Subordinating conjunctions and relative pronouns send the conjugated verb to the last position; all other elements remain in the same position:

Ich finde das gut, weil viele Leute Geld spenden.
Die Frau, die für die Feier verantwortlich ist, sieht sehr zufrieden aus.

5 Conditional sentences

Conditional sentences express either real or contrary-to-fact conditions.

When the sentence starts with *wenn*, the two conjugated verbs always appear on either side of the comma:

Wenn ich ihn **sähe**, **wäre** ich sehr froh.
Wenn Sie das Auto kaufen **möchten**, **rufe** ich den Geschäftsführer.

6 Direct and indirect objects

When a verb has a direct and an indirect object the following rules apply:

Two nouns
Ich kaufe meiner Frau einen Ring.
Indirect object + direct object

Sometimes the order can be changed for emphasis:

Einen Ring kaufe ich meiner Frau.

One noun, one pronoun
The pronoun comes first:

Ich kaufe ihn meiner Frau.
Direct object = pronoun, indirect object = noun

When the indirect object is a pronoun, it comes first:

Ich kaufe ihr den Ring.
Indirect object = pronoun, direct object = noun

Two pronouns
When both objects are pronouns, either object can precede the other:

Ich kaufe ihr ihn.
or
Ich kaufe ihn ihr.

7 Time, manner, place

Many sentences contain expressions relating to the time, manner and place of an action. Normally these expressions appear in that order (t-m-p):

Ich gehe heute (t) zu Fuß (m) ins Kino (p).

Usually more general time expressions (tg) precede more specific ones (ts):

Er fährt morgen Nachmittag (tg) gegen 3 Uhr (ts) mit dem Auto nach Hamburg.

E Pronouns

1 Personal pronouns

In German there are three personal pronouns for 'you', which you need to learn.

All pronouns change in the accusative and dative case. **Accusative** personal pronouns are generally used when they are the **direct object** of the verb, **dative** personal pronouns when they are the **indirect object** of the verb.

Nominative		Accusative		Dative	
ich	I	mich	me	mir	me
du	you	dich	you	dir	you
er	he, it	ihn	him, it	ihm	him, it
sie	she, it	sie	her, it	ihr	her, it
es	it	es	it	ihm	it
wir	we	uns	us	uns	us
ihr	you	euch	you	euch	you
sie	they	sie	them	ihnen	them
Sie	you	Sie	you	Ihnen	you

Nominative

Ich besuche meinen Vater.   I visit my father.

Accusative

Die Tochter besucht ihn.   The daughter visits him.

Dative

Die Tochter kauft ihm ein Geschenk.   The daughter buys him a present.

2 Interrogative pronouns

Interrogative pronouns, such as *wann* ('when'), *warum* ('why') or *wo* ('where'), introduce questions. The pronoun *wer* has different forms in the various cases:

Nominative

wer: who   Wer ist das?   Who is that?

Accusative

wen: whom   Wen hast du getroffen?   Whom did you meet?

Dative

wem: whom   Mit wem spielst du?   With whom are you playing?

Genitive

wessen: whose   Wessen Uhr ist das?   Whose watch is that?

3 Possessive pronouns

Possessive pronouns have the same endings as the indefinite article (*ein*-words) and are determined by the noun they modify, not by the possessor.

mein	my	unser	our
dein	your	euer	your
sein	his	ihr	their
ihr	her	Ihr	your (singular and plural formal)
sein	its		

Wir haben unser altes Haus gekauft.   We have bought our old house.

4 Relative pronouns

Relative pronouns introduce relative clauses. These modify a noun, for example an object or a person. A relative clause is a part of a sentence that relates back to another part or clause. For example: The woman **who bought the car** was my friend's mother. In English, the words 'who' or 'whom' are used in the second part of the sentence to relate back to the noun in the first clause.

In German, the word used depends on the case, gender and number of the noun. Relative pronouns also change the word order of a sentence; they come after a comma and the verb in that part of the clause moves to the end of the clause: *Die Frau,* **die den Wagen gekauft hat***, war die Mutter meines Freundes.*

	Masculine	**Feminine**	**Neuter**	**Plural**
Nominative	der	die	das	die
Accusative	den	die	das	die
Genitive	dessen	deren	dessen	deren
Dative	dem	der	dem	denen

Nominative masculine
Walter wohnt in Berlin. Walter (nom. masc.) ist sehr nett. ⟶ Walter, **der** sehr nett ist, wohnt in Berlin.

Nominative feminine
Kennst du die Frau? Sie (nom. fem.) steht dort drüben. ⟶ Kennst du die Frau, **die** dort drüben steht?

Accusative neuter
Das Auto ist sehr schön. Wir wollen das Auto (acc. neut.) kaufen. ⟶ Das Auto, **das** wir kaufen wollen, ist sehr schön.

Relative clauses with prepositions

Accusative plural

Das sind die Gäste. Ich habe **für** sie (acc. pl.) gekocht. ⟶ Das sind die Gäste, **für die** ich gekocht habe.

Dative masculine

Dort wohnt Rudi. Ich habe Angst **vor** ihm (dat. masc.). ⟶ Dort wohnt Rudi, **vor dem** ich Angst habe.

Relative clauses without prepositions

Dative neuter

Das Mädchen hat es vergessen. Ich habe dem Mädchen (dat. neut.) Geld gegeben. ⟶ Das Mädchen, **dem** ich Geld gegeben habe, hat es vergessen.

Genitive feminine

Dort ist meine Oma. Ich habe den Ring meiner Oma (gen. fem.) gefunden. ⟶ Dort ist meine Oma, **deren** Ring ich gefunden habe.

Genitive plural

Ich treffe meine Freunde. Ich brauche die Ratschläge meiner Freunde (gen. pl.). ⟶ Ich treffe meine Freunde, **deren** Ratschläge ich brauche.

F Conjunctions

There are two types of conjunctions, **coordinating** and **subordinating**.

1 Coordinating conjunctions

These connect two independent clauses without affecting the word order. Both clauses use the word order they would have as independent clauses:

Spielen Sie heute Tennis? Gehen Sie heute ins Kino? ⟶ Spielen Sie heute Tennis, oder gehen Sie heute ins Kino?

The five most common coordinating conjunctions in German are:

aber: but   Ich bleibe zu Hause, aber sie geht ins Kino.

denn: for   Ich bleibe zu Hause, denn ich bin sehr krank.

oder: or   Soll ich im Bett bleiben, oder soll ich zum Arzt gehen?

sondern: but rather/instead   Sie geht nicht ins Kino, sondern sie trifft sich mit Freunden in der Kneipe.

und: and   Ich bleibe im Bett, und sie amüsiert sich in der Kneipe.

2 | *Subordinating conjunctions*

A subordinating conjunction introduces a clause that would not make sense independently. The word order is affected by the subordinating conjunction, the verb moving to the end of the dependent clause. Subordinating conjunctions can be used at the beginning or in the middle of a sentence; the clauses are separated by a comma. The ten most common subordinating conjunctions in German are:

als: when (once in the past)	Als der Direktor das Zimmer betrat, standen alle Schüler auf.
Or:	Alle Schüler standen auf, als der Direktor das Zimmer betrat.
bevor: before	Bevor du ins Bett gehst, musst du dir noch die Zähne putzen.
damit: in order to, so that	Wir schreiben ihr, damit sie das Haus findet.
dass: that	Ich denke, dass unser Nachbar Geburtstag hat.
nachdem: after	Der Hund kam sofort, nachdem ich ihn gerufen hatte.
ob: if, whether	Er möchte wissen, ob man in Deutschland rechts fährt.
obwohl: although	Obwohl es regnet, spielen sie Fußball.
seitdem: since	Seitdem meine Mutter zurück ist, fühle ich mich besser.
weil: because	Wir werden nicht fahren, weil mein Vater krank ist.
wenn: when	Wenn ich nach Hause komme, werde ich mit ihm sprechen.

Oral examinations, presentations and speeches are all about communicating information and ideas. A presentation that has been well researched, planned and structured can be ineffective if the delivery is poor. Good delivery can make or break a presentation, but it also depends upon careful planning and preparation. If you plan carefully you will be more likely to communicate clearly and effectively.

To achieve a high grade you need good, relevant information and a logical structure, which will help you pace your delivery. Many speaking tests require the presenter to put forward his or her personal opinions — not only simple comments but well-considered and supported opinions. The better prepared and organised you are, the more effective the delivery and therefore the communication will be.

This chapter aims to provide key points on which to focus in the planning, preparation and delivery of an oral examination in order to maximise your effectiveness. It is divided into two parts:

Part 1 introduces five techniques to help you prepare and organise your information. Examples of the techniques are given in German, using subjects drawn from five of the major topic areas outlined in the introduction to this book. You are given two tasks, or *Übungsaufgaben*, per method, so you have the opportunity to test and practise each technique. The tasks require you to work on subjects within the same major topic area as the example given.

The five subjects in Part 1 have been chosen to explain and clarify the techniques, not primarily to fulfil the criteria of the examination boards, but to provide good examples.

Part 2 provides ten sample dialogues on subjects covered in the ten topic areas, plus a range of supplementary questions. The examiner (*Prüfer*) asks the questions and the candidate (*Kandidat*) answers them.

Each method here should provide an outline for you to develop a coherent plan of what you want to talk about. The final step to ensure you are adequately prepared is rehearsal: this is essential to the delivery of a good presentation. You should know your topic so well that during its actual presentation you should only have to glance briefly at your keywords to ensure you are staying on track. Rehearsing your presentation will help you to do this with confidence and to steady your nerves on the day.

Many oral examinations consist of a presentation and a conversation with both predictable and unpredictable elements. The sample dialogues here will provide you with some of the language and ideas needed to answer the questions that might be asked on these topics. The supplementary questions are intended to give you further ideas about what might be asked.

PART 1 *Techniques*

A *Steigernde Reihe*

Method

'*Steigernde Reihe*' is a method of presentation where three major points are discussed in increasing order of importance:

These
Introductory statement on your overall argument

Argument 1 + Erklärung + Beispiel

Explanation of the first (and weakest) point of your argument with an example

Argument 2 + Erklärung + Beispiel

Explanation of the second point of your argument with an example

Argument 3 + Erklärung + Beispiel

Explanation of the third, final and strongest point of your argument with an example

Zusammenfassung
Short summary of your arguments

Advantages

This method makes you think in depth about the issues in question by deciding on the strengths of three arguments and supporting them with examples. In addition, you have to think about an overall statement and a summary. This technique would also work with four or five arguments, but three is a good starting point.

Organising your arguments

You need to write a 'story-line' that covers all the elements of the presentation by breaking down the theme into three major components. The story-line should be logical but also personal, because you have decided what your weakest and strongest arguments are. In presenting your outline the basic principle is one arrow for one argument.

The size of each arrow in the diagram below stands for the importance of each argument. If you choose to use this method for your presentation, jot down a keyword for each argument in the appropriate arrow.

Subject: Problems of unemployment
(Topic area viii: The world of school and work)

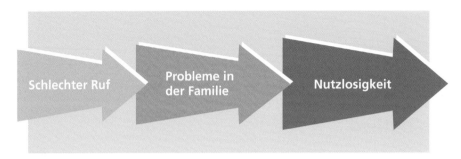

Schlechter Ruf → **Probleme in der Familie** → **Nutzlosigkeit**

These

Arbeitslose haben mit vielen unterschiedlichen Schwierigkeiten und Problemen zu kämpfen.

Argument 1

Arbeitslose haben in der Öffentlichkeit einen **schlechten Ruf**, werden nicht in gleichem Maße respektiert wie Leute mit Arbeit und können, dadurch dass sie weniger Geld haben, sich weniger Dinge leisten.

Beispiel 1

Oft werden Arbeitslose als arbeitsscheu oder faul bezeichnet. Viele Leute sind davon überzeugt, dass die Arbeitslosen nicht arbeiten wollen. Sie sagen Dinge wie „Es gibt genug Arbeit!" oder „Sollen die Arbeitslosen doch den Müll im Wald wegmachen!" Dabei vergessen sie, dass viele Arbeitslose qualifiziert sind, eine Beschäftigung in ihrem Beruf suchen und schon lange versuchen, eine Stelle zu finden. Ein Arzt oder ein Facharbeiter hat natürlich ein besseres Image als ein Arbeitsloser. Das wird verstärkt durch die Tatsache, dass sich ein arbeitsloser Mensch kaum ein sportliches Auto, schicke Kleidung, teure Restaurants und weite Urlaubsreisen leisten kann.

Argument 2

Arbeitslose haben häufig eine schwierige Situation und **Probleme in der Familie**. Sie nehmen nicht mehr am normalen Arbeitsleben teil, sind zu Hause mit viel zu viel Freizeit und nerven die anderen Familienmitglieder.

Beispiel 2

Wenn morgens die Nachbarn das Haus verlassen, die eigenen Kinder zur Schule gehen und manchmal sogar der eigene Partner zur Arbeit fährt, müssen sie zu Hause bleiben. Nach Jahren in einem festen Job, fällt es ihnen oft schwer, die Hausarbeit zu machen, sich um Kleinkinder zu kümmern. Ihnen fehlt ein Ort wie die Firma, die Fabrik oder das Geschäft, wo man Kontakte mit Kollegen und Kunden hatte. Mit der vielen Freizeit können sie wenig anfangen, immer Fernsehen oder Videos gucken wird auf Dauer langweilig. Stattdessen nerven sie tagsüber ihre Partner oder, oft aus Frust, lassen sie ihre Aggressionen an den anderen Familienmitgliedern aus. Das kann zu Streit und Konflikten führen, die das Familienleben negativ beeinflussen.

Argument 3

Das Schlimmste für den Arbeitslosen ist mit sich selbst zurecht zu kommen. Häufig fühlen sich Arbeitslose **nutzlos**, wertlos, als Teile der Gesellschaft, die nicht mehr gebraucht werden. Diese Gefühle können zu schlimmen Minderwertigkeitsgefühlen, Stress und Krankheiten, oder aber zu Drogensucht und Kriminalität führen.

Beispiel 3

Nach Jahren ohne Arbeit, wird es für viele Arbeitslose immer schwieriger sich zu motivieren. „Warum soll ich heute aufstehen, was hat das alles noch für einen Sinn?" fragen sich viele. Oft ist diese Belastung so groß, dass der Körper mit Stress-Symptomen oder Krankheiten reagiert. Wenn sie nicht Unterstützung von Freunden oder in der Familie haben, besteht die Gefahr, dass sie anders versuchen, mit ihrer schwierigen Situation umzugehen. Manche probieren mit Alkohol oder Drogen ihre Probleme zu verdrängen, einige werden sogar kriminell um an mehr Geld zu kommen.

Zusammenfassung

Das Leben für arbeitslose Menschen ist oft nicht einfach. Häufig fühlen sie sich nutzlos, haben Probleme in ihrer Familie und einen schlechten Ruf. Ich denke, man sollte Arbeitslose gezielter unterstützen. Wenn man einen Menschen ohne Arbeit trifft, muss man versuchen, Verständnis für seine Situation zu zeigen.

Übungsaufgabe

1 Nennen Sie drei Gründe, die für ein Studium an der Uni sprechen.
2 Geld ist alles! Widersprechen Sie mit drei Argumenten.

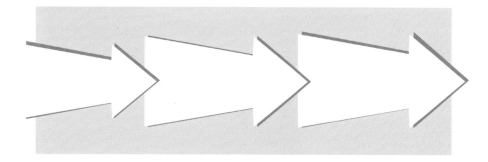

B *Variierte Reihe*

Method

'*Variierte Reihe*' is the presentation of three arguments in the following order:

> **These**
> Introductory statement on your overall argument

Argument 1 + Erklärung + Beispiel
Second strongest point of your argument with an example

Argument 2 + Erklärung + Beispiel
Weakest point in your argument with an example

Argument 3 + Erklärung + Beispiel
Strongest point of your argument with an example

Zusammenfassung
Short summary of your arguments

Advantages

Again, you have to think in depth about the issues in question by considering three different arguments and deciding which one you consider to be the strongest, the second strongest and the weakest.

Subject: Dangerous sun

(Topic area ii: Health and nutrition)

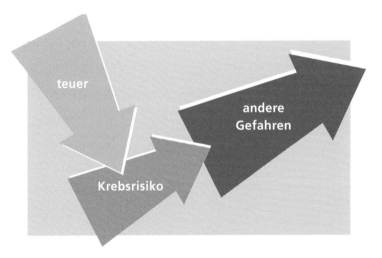

These

Viele Leute sind bereit, für ein besseres Aussehen ihre Gesundheit zu gefährden. Ein gutes Beispiel dafür sind Solarien und Sonnenstudios.

Argument 1

Eine typische Aussage ist: „Wenn ich gut aussehe, fühle ich mich besser, und weil ich mich besser fühle, bin ich offener und selbstbewusster!" Nach wie vor zählt gebräunte Haut zu den vorzeigbaren Erfolgen eines schönen Urlaubs. Aber wie schnell verschwindet die Urlaubsbräune des Sommers nach regnerischen Herbsttagen. Aber es gibt ja Sonnenstudios, die mit Hilfe von Solarien einen „Kurzurlaub in der künstlichen Karibik" versprechen. Allerdings muss man dann

regelmäßig, mindestens einmal pro Woche, ein solches Sonnenstudio besuchen und das kann ganz schön teuer sein.

Beispiel 1

Je nach Tageszeit gibt es bestimmte Tarife. So ist es nach Feierabend und am Wochenende am teuersten, in der Woche am Vormittag am preiswertesten. Wer einen Vertrag über 12 oder 24 Monate abschließt und gehen möchte, wann immer er will, zahlt häufig mehr als 30 Euro pro Monat. Welcher junge Mensch kann das nur mit Taschengeld bezahlen?

Argument 2

Wer nicht ins Solarium geht, der kann im Freibad oder Urlaub die Sonne genießen. Jeder weiß aber, dass ein Sonnenbrand im Urlaub sehr gefährlich sein kann. Zellen sterben in der Haut ab, weil die gefährlichen UV-Strahlen in die Haut eindringen. So erhöht sich das Risiko, an Hautkrebs zu erkranken. Auch wenn es so aussieht, als würde sich die Haut nach einem Sonnenbrand vollständig erholen, so bleiben doch tiefer gelegene Hautschichten geschädigt.

Beispiel 2

Die Häufigkeit von Hautkrebs ist seit einigen Jahrzehnten stetig angestiegen. Allein in Deutschland erkranken über 200.000 Menschen an Hautkrebs. Man unterscheidet zwischen dem gefährlichen schwarzen Hautkrebs und dem weniger gefährlichen hellen Hautkrebs. Immerhin fast 10% erkranken am schwarzen Hautkrebs, bei dem der Tumor Metastasen im ganzen Körper setzen kann — leider oft mit tödlichem Ausgang.

Argument 3

Viele Experten fürchten, dass es bei zu häufigen Besuchen in Solarien ähnlich sein könnte. Neben dem Hautkrebsrisiko, wird immer wieder von schnellerer Hautalterung und möglichen Schäden an den Augen gewarnt. Die Betreiber der Sonnenstudios versuchen die Kunden mit modernen Geräten zu überzeugen. Freiwillige Prüfungen und Sicherheitszertifikate sollen die Kunden beruhigen. Doch viele Hellhäutige ignorieren die Ratschläge der Experten.

Beispiel 3

Anstatt seltener und kürzer auf der Sonnenbank zu liegen als Menschen mit dunklerer Haut, setzen sich viele Hellhäutige häufiger und länger den künstlichen Sonnenstrahlen aus. Viele Krankenkassen raten zu maximal 50 Besuchen pro Jahr, aber davon wollen Menschen, die Bräune mit Schönsein gleichsetzen, nichts wissen. Auf das „künstliche Sonnenbaden" verzichten sie nicht einmal vor dem Urlaub. Sie tragen auch keine Schutzbrillen.

Zusammenfassung

Für viele Menschen ist Bräune Schönheit. Sie sind bereit, für diese Bräune viel Geld auszugeben. Entweder für Urlaubsfahrten in den Süden oder teure Sonnenstudios. Dabei nehmen sie das Risiko von Hautkrebs genauso in Kauf, wie mögliche Alterungen der Haut oder Augenschäden.

Übungsaufgabe

1 Im Internet lauern viele Gefahren — für Jung und Alt!

2 Eine Familie hat nicht nur Vorteile — mir sind meine Freunde lieber!

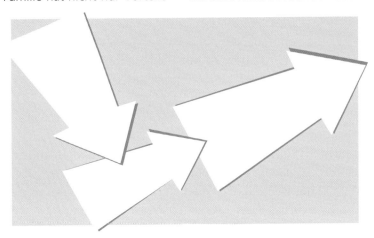

C *Das Abwägen von Argumenten*

Method

Weighing up the arguments is a more demanding and complex method:

1 These

Your overall opinion of the positive side of the issue in question supported by:

> Argument 1 + Beispiel
>
> Argument 2 + Beispiel
>
> Argument 3 + Beispiel
>
> Zusammenfassung der These

2 Antithese

Your overall opinion of the negative side of the issue in question supported by:

> Argument 1 + Beispiel
>
> Argument 2 + Beispiel
>
> Argument 3 + Beispiel
>
> Zusammenfassung der Antithese

3 Synthese

Your considered opinion in the light of the pros and cons you have outlined

Advantages

This technique of weighing up arguments guarantees a fairer, more objective treatment of an issue and a more credible and convincing presentation.

Das Abwägen von Argumenten

Subject: The pros and cons of watching television
(Topic area vi: Leisure and culture)

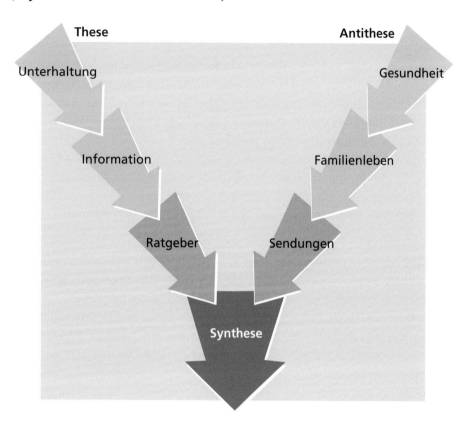

These
Das Fernsehen hat viele Vorteile. Viele Menschen verbringen ihre Freizeit vor dem Fernseher, und das ist gut so!

Argument 1
Das Fernsehen bietet viele **Unterhaltung**ssendungen, man kann sich entspannen, kommt auf andere Gedanken und erlebt Freude.

Beispiel 1
Jeder fiebert mit, wenn die eigene Fußballmannschaft ein wichtiges Spiel hat, wenn der Kandidat kurz davor steht, eine Million zu gewinnen, jeder weint und lacht mit seinen Helden und Heldinnen in romantischen Filmen, Seifenopern oder Familienserien.

Argument 2
Der Zuschauer erhält durch das Fernsehen viele **Informationen**, die in einer modernen Gesellschaft wichtig, gar notwendig sind. Da sind die Nachrichten, politische Magazine, Wirtschaftssendungen, Kulturjournale und Wissenschafts- und Technikprogramme, aber auch Angebote wie Shoppingkanäle und Videotext.

Beispiel 2
Ein erfolgreicher Bürger ist ein gut-informierter Bürger. Er weiß, was in der Welt passiert, hat eine politische Meinung, weiß wie seine Aktien stehen, kennt die neusten Theaterstücke und Kinofilme, besitzt das neuste Handy, kauft seinem

Partner den Schmuck im Fernsehen und hat Kenntnis über die Verspätung des Flugzeuges aus Griechenland — dank Videotext. Dabei ist die Information nicht nur schnell und aktuell, sie ist audiovisuell und damit besonders anschaulich.

Argument 3

Das Fernsehen spielt als Lehrer und **Ratgeber** ein immer größer werdende Rolle. Es sind nicht nur die Möglichkeiten, eine Fremdsprache zu lernen oder sich Computerkenntnisse anzueignen, nein das Fernsehen gibt Rat in Gesundheitsfragen, bei psychischen Problemen, berät bei Verbraucherfragen und gibt Tipps zu solch wichtigen Bereichen wie Geld oder Beruf. Dies geschieht teilweise schon interaktiv, das heißt der Zuschauer kann live in der Sendung anrufen oder kann im Studio an der Diskussion teilnehmen. Angesichts Tausender Singles, vieler verarmter und einsamer Menschen, Kranker und behinderter Menschen übernimmt das Fernsehen die Funktion eines Freundes oder Partners.

Beispiel 3

Wer einen Videorecorder hat, braucht nachts nicht aufzustehen, wenn die nächste Sendung des Französischkurses läuft. Und man spart jede Menge Geld. Manche Ehefrau fühlt sich einsam, ihr Mann ist bei der Arbeit, die Kinder in der Schule. Sie hat die Möglichkeit mit Experten im Vormittagsprogramm zu sprechen; sie braucht dafür nichts zu bezahlen und kann anonym bleiben. Mein Onkel hatte einen schweren Unfall und muss den ganzen Tag liegen. Er wohnt abgelegen auf einem Bauernhof, bekommt wenig Besuch. Er sagt: „Ohne meinen Fernseher wäre ich schon tot. Aber nicht immer gucken, es gibt ja noch den Knopf zum abschalten!"

Zusammenfassung der These

Das Fernsehen ist nicht nur das Unterhaltungsmedium Nr. 1, nein, es ist heutzutage wichtiger und notwendiger Bestandteil des Lebens. Es informiert, unterrichtet und berät und dadurch entsteht eine moderne, erfolgreiche Partnerschaft.

Antithese

Das Fernsehen hat viel mehr Nachteile als Vorteile, es schadet dem Menschen mehr, als es ihm nützt!

Argument 1

Fernsehen schadet der **Gesundheit**. Bewegungsmangel, Konsum ungesunder Nahrungsmittel und weniger Schlaf sind klassische Symptome eines Vielguckers.

Beispiel 1

Oft liegt man faul auf der Couch und schaut sich eine Sendung nach der anderen an. Selbst gutes Wetter kann die Fernsehsüchtigen nicht nach draußen locken. Wer aber nur sitzt und liegt und nur guckt, bei dem kommen die wichtige Bewegung oder Sport zu kurz. Dieser Bewegungsmangel kann zu Verdauungsstörungen führen. Dazu kommt noch, dass beim Sehen große Mengen an Alkohol, Nikotin, Süßigkeiten und Fastfood konsumiert werden. Diese ungesunde Ernährung in Verbindung mit dem Bewegungsmangel führt zu Übergewicht und kann dauerhaft Herzerkrankungen verursachen. Da oft die besten Sendungen erst spät

in der Nacht kommen, der Wecker aber am nächsten Morgen früh klingelt, ist Schlafmangel das logische Ergebnis. Darunter leidet dann die Konzentration und Leistungsfähigkeit.

Argument 2

Das Fernsehen fördert das **Familienleben** nicht, nein es zerstört es. Denn bei starkem Fernsehkonsum verbleibt weniger Zeit für Gespräche untereinander. Oft sind die Kinder die Verlierer, denn ihre Eltern nehmen sich keine Zeit für Hausaufgaben oder Spiele. Und der Streit wann was geguckt wird, ist bei immer mehr Sendern schon vorprogrammiert.

Beispiel 2

Anstatt mit ihren Eltern über den Tag zu sprechen, setzten sich viele Kinder nach der Schule direkt vor die Glotze. Da wird lieber ein Krimi gesehen, als den Krach mit dem Lehrer zu diskutieren und die Probleme in der Seifenoper sind viel wichtiger als die eigenen. Abends gibt es dann Streit über das Programm: er will Fußball sehen, sie möchte den Film sehen und die Kinder die Sendung über die Popstars von morgen. Die Mathehausaufgaben bleiben natürlich liegen und auch die Prüfung in Geschichte wird leider vergessen.

Argument 3

Leider ist oft nicht die Quantität sondern die **Qualität der Sendungen** ein Problem, insbesondere für Kinder und Jugendliche. Gewaltszenen, Filme mit Sex und Programme, in denen ständig geflucht wird, beeinflussen die Entwicklung von jungen Menschen negativ.

Beispiel 3

Natürlich ist nicht jeder Jugendliche nach einem Actionfilm gewalttätig und benutzt die selben Schimpfwörter wie der Held. Dennoch fällt es besonders kleinen Kindern schwer, zwischen Wirklichkeit und Fiktion zu unterscheiden. Es besteht die Gefahr, dass das Gezeigte als normal angesehen wird, oder noch schlimmer, dass es nachgeahmt wird. Auch ältere Jugendliche können den Eindruck bekommen, dass Gewalt als Mittel der Konfliktlösung akzeptabel ist, dass Teenager-Schwangerschaften etwas Normales sind und schlechte Sprache ein gutes Kommunikationsmittel ist.

Zusammenfassung der Antithese

Fernsehen schadet der Gesundheit, stört das Familienleben und kann die Entwicklung von Kindern und Jugendlichen negativ beeinflussen. Also, Vorsicht beim Fernsehen!

Synthese

Das Fernsehen ist wahrscheinlich das beliebteste und wichtigste Medium unserer Zeit, trotz negativer Einflüsse und potentieller Gefahren. Man kann das Fernsehen kritisieren, ja sogar verteufeln — man wird nicht viel ändern. Fernsehen gehört heutzutage dazu. Dennoch kann man sinnvoll mit dem Fernsehen umgehen. Kinder sollten nur bestimmte Sendungen sehen um dann hinterher im Gespräch mit einem Erwachsenen das Gesehene zu verarbeiten. Jugendliche sollten ab einer bestimmten

Zeit besser im Bett sein. Man muss auf eine gesunde Ernährung achten, darf die Bewegung und den Sport nicht vernachlässigen. Bei schönem Wetter sollte man auch mal verzichten können, zur Not gibt es noch Videorecorder. Das Fernsehen kann ein harmonisches Familienleben nicht ersetzen, dennoch gibt es lehrreiche und anregende Sendungen. In Maßen genießen und mit Köpfchen, das ist der richtige Weg.

Übungsaufgabe

1 Ist Lesen noch immer wichtig, oder immer unwichtiger?
2 Museen, Theater und Opernhäuser sind out und nur Geldverschwendung!

D Mind mapping

Method

The technique of mind mapping was developed by Tony Buzan. It is a method that aims to transform complex information into a manageable, visual structure. The main theme is presented in the centre of the 'map'. The more important an idea or aspect, the closer it is to the centre. Ideas, opinions and arguments are represented by keywords. Words can be printed in a

variety of colours in order to aid memory. Lines between keywords ensure that links between key concepts are immediately recognisable. Once the mind map is complete, you have a graphic structure of the order for your presentation. New ideas can be integrated easily at a later stage.

Advantages

Every mind map is different in content, shape and colour, which means the maps can be memorised with ease. The selection of keywords to represent ideas means that each mind map is personal and also more concise than traditional linear methods. The content is easier to memorise because only the keywords need to be recalled.

Subject: The internet
(Topic area vii: Technology)

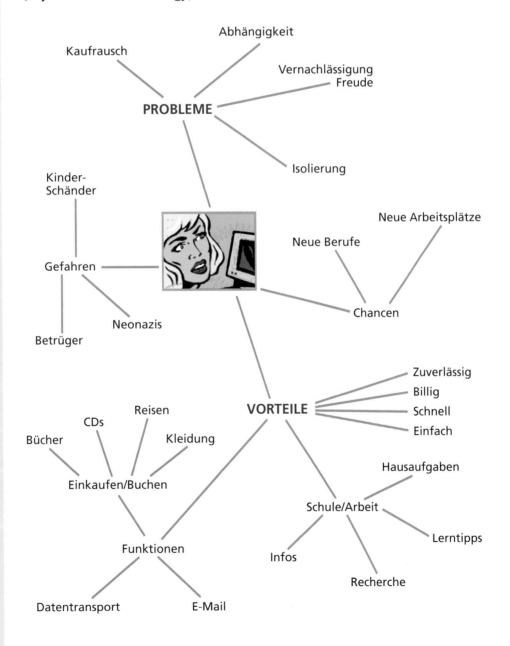

Das Internet bietet viele **Chancen. Neue Arbeitsplätze** entstehen, zum Beispiel verkauft eine Firma nicht nur Bücher in Läden sondern auch im Internet. Viele Leute arbeiten in großen Lagern, bearbeiten die Bestellung und schicken die Bücher direkt an den Kunden. Es gibt aber auch **neue Berufe**, wie Programmierer, die Webseiten erstellen.

Das Internet hat viele **Vorteile**. Es ist **zuverlässig**, das heißt, man schickt ein E-Mail ab und es kommt auch bei der richtigen Person an. Es ist **billig**, viel billiger als die Post. Man kann für wenig Geld viele Nachrichten schicken, wenn man will auch gleichzeitig. Es ist viel **schneller** als die Post oder ein Paketdienst. In wenigen Sekunden wird ein Dokument von Punkt A nach Punkt B geschickt. Das Internet ist auch sehr **einfach** zu verstehen. Jede Webseite und jeder Nutzer hat eine bestimmte Adresse, mit der man sie kontaktieren kann. Das Internet kann in der **Schule** und bei der **Arbeit** helfen. Wenn man **Informationen** braucht, kann man zu den verschiedensten Themen **recherchieren**. Das kann eine gute Vorbereitung für ein Referat oder einen Test sein. Im Internet gibt es kostenlose **Lerntipps** zu allen Schulfächern, aber auch zu allgemeinen Themen. Und wenn man mal bei den **Hausaufgaben** Probleme hat, gibt es online schnelle Hilfe.

Das Internet erfüllt verschiedene **Funktionen**. Mit seiner Hilfe kann man große Mengen von **Daten transportieren**. Freunde und Bekannte, die Tausende von Kilometer entfernt wohnen, können per **E-Mail** schnell und unkompliziert erreicht werden. Leute, die krank sind, wenig Zeit haben oder einfach nicht das Haus verlassen möchten, können über das Internet problemlos **einkaufen**: in großen Städten Lebensmittel, überall **Bücher**, **CDs**, **Kleidung** und sogar Urlaubs**reisen**. Man muss nicht mehr ins Reisebüro gehen, man kann seine Reise online **buchen**. Alles wird mit der Post oder mit dem Paketdienst ins Haus geliefert, einfacher geht es nicht.

Leider gibt es auch **Gefahren** im Internet. **Kinderschänder** versuchen Kontakt mit Minderjährigen aufzunehmen, **Betrüger** nutzen die Kreditkartennummern fremder Leute für eigene Bestellungen und **Neonazis** verbreiten ihre Propaganda unzensiert und unkontrolliert.

Trotz vieler Vorteile des großen Angebots, kann es auch **Probleme** geben. Mancher fällt leicht in einen **Kaufrausch**, wenn er das große Angebot an Produkten im Internet sieht. Computerspiele und eine unendliche Zahl von attraktiven Webseiten können schnell dazu führen, dass der Benutzer seinen Platz vor dem Computer nicht mehr verlässt. Man spricht dann manchmal von einer Sucht, einer **Abhängigkeit** vom Internet. Leute, die viel Zeit am Computer und im Internet verbringen, **vernachlässigen** oft ihre **Freunde**. Weil sie nur noch zu Hause sitzen, das Haus nicht mehr verlassen, **isolieren sie sich**, geben den direkten Kontakt mit der Außenwelt auf.

Übungsaufgabe

1 Erstellen Sie eine Mind Map zum Thema „Handys". Versuchen Sie Vor- und Nachteile, Chancen und Risiken zu berücksichtigen.

2 Erstellen Sie eine Mind Map zum Thema „Computerspiele" — entspannende oder aggressiv machende Freizeitaktivität?

E *Das Zahlen-Wort-System*

Method

List your arguments and number them from one to ten (or however many arguments you want to use), then select a keyword for each:

Argument 1 + keyword   Argument 6 + keyword
Argument 2 + keyword   Argument 7 + keyword
Argument 3 + keyword   Argument 8 + keyword
Argument 4 + keyword   Argument 9 + keyword
Argument 5 + keyword   Argument 10 + keyword

Try to memorise and recall the argument in German with the help of the number and the keyword. When you can do this, try to recall the arguments with just the numbers.

Advantages

Some people find it easier to work with numbers than with words. Associating numbers with verbal information often speeds up the learning process, reducing the time it takes to memorise and recall information. This method can help you to keep track and cover all of your arguments because you will remember which numbers have not been covered. Keywords can easily be changed if they don't help you to recall the arguments.

Subject: Why are young people taking drugs?
(Topic area iii: Addiction and drugs)

Warum nehmen junge Leute Drogen?
 1 Weil sie **Langeweile** haben
 2 Weil sie sich danach besser **fühlen**
 3 Weil sie **neugierig** sind
 4 Weil sie versuchen vor persönlichen Problemen zu **entfliehen**
 5 Weil ihre **Freunde** auch Drogen nehmen
 6 Weil sie damit **angeben** wollen, sich groß, stark, cool fühlen
 7 Weil sie sich gegen Werte und **Normen** auflehnen wollen
 8 Weil es **verboten** oder illegal ist
 9 Weil es ihre **Popidole** auch tun
10 Weil sie gegen ihre Eltern und Lehrer **rebellieren** wollen

      1 Langeweile
                                                                2 fühlen
                                    3 neugierig
          4 entfliehen
                                                                5 Freunde
                                        6 angeben
              7 Normen
                                                          8 verboten
      9 Popidole
                                                        10 rebellieren

Übungsaufgabe

1 Nennen Sie Gründe dafür, warum Rauchverbote eine gute Idee sind!
2 Wie könnte man den zunehmenden Alkoholkonsum unter Jugendlichen stoppen?

PART 2 *Dialogues*

F (i) Family and relationships

What's a family?

Prüfer: Was ist eigentlich eine Familie?

> **Kandidat:** Die meisten Leute denken bei dem Begriff „Familie" an einen Vater, eine Mutter und mindestens ein Kind, eher an zwei oder drei Kinder. Dieses Bild ist aber nicht mehr zeitgemäß, das heißt, es entspricht nicht mehr der Realität, denn es hat sich in den letzten Jahren viel verändert.

Prüfer: Was genau hat sich verändert?

> **Kandidat:** Als erstes muss man feststellen, dass es immer weniger Familien im klassischen Sinne gibt, also Vater-Mutter-Kind. In vielen europäischen Ländern ist jeder Dritte über 35 Jahre Single. Zweitens: Immer mehr Paare bleiben kinderlos, viele heiraten nicht.

Prüfer: Warum ist das so?

> **Kandidat:** Es gibt verschiedene Gründe. Einige Paare entscheiden sich bewußt gegen Kinder, gegen die Mehrkosten, die Verantwortung, die Verpflichtungen. Sie wissen, dass ein Leben mit Kindern ganz anders aussieht als ohne.

Prüfer: Inwiefern?

> **Kandidat:** Man hat weniger Freiheit, muss sich beispielsweise bei Urlauben oder Freizeitaktivitäten einschränken. Aber man gewinnt auch viel dabei!

Prüfer: Gibt es noch andere Gründe?

> **Kandidat:** Ja! Frauen studieren, wollen Karriere machen und stehen Mitte 30 vor der schwierigen Entscheidung: Kind oder Karriere!

Prüfer: Aber es gibt doch noch viele Kinder, die zu einer Familie gehören, oder?

> **Kandidat:** Schon, aber viele Kinder wachsen nur bei Mama oder Papa auf. Die Zahl der Alleinerziehenden ist stark gestiegen, Scheidungen sind heute traurige Realität. Aber das sind für mich trotzdem Familien.

Prüfer: Also, eine alleinerziehende Mutter mit Kind ist für sie eine Familie?

Kandidat: Ja, absolut! Manchmal heiraten die Alleinerziehenden wieder, es kommt zu Stiefvätern und Stiefmüttern mit vielen Stiefschwestern und Stiefbrüdern. Auch diese Patchwork-Familien sind typisch für unsere Zeit.

Prüfer: Was für Vorteile hat denn eine Familie?

Kandidat: Trotz vieler Streitereien und Verbote ist eine Familie sehr wichtig. Man wird geliebt, es ist ein Ort wo man hingehört, wo man so sein kann, wie man will. Man lernt von seinen Eltern, man wird erzogen und ist Teil einer Gemeinschaft. Das klappt nicht in allen Familien, aber die Familie ist ein sehr guter Ort um sich auf ein selbstständiges Leben vorzubereiten.

Supplementary questions on topic area i
1 Was spricht für und gegen ein Leben als Single?
2 Welche Vorteile bringt ein Leben ohne Kinder mit sich?
3 Welche Gründe sprechen für ein Leben mit Kindern?
4 Über welche Dinge wird in Familien gestritten?
5 Leben wir in einer kinderfeindlichen Welt?
6 Wie kann man Familien helfen, in denen es viele Probleme gibt?

G (ii) Health and nutrition

Eating habits

Prüfer: Überall in Westeuropa hört man davon, dass immer mehr Menschen Übergewicht haben. Was sind Ihrer Meinung nach die Hauptgründe davon?

Kandidat: Der Hauptgrund ist sehr einfach: Die Menschen essen zu viel! Oder anders ausgedrückt: Sie essen mehr als sie brauchen. Natürlich macht es Spaß zu essen und zu trinken, das große Schlagwort lautet „Genuss". Aber eigentlich essen und trinken wir um zu überleben.

Prüfer: Warum essen so viele Menschen mehr als sie brauchen?

Kandidat: Vor ein paar tausend Jahren musste man seine Nahrung jagen, fischen oder sammeln, heute reicht der Weg zum Kühlschrank. Überall wo wir sind, in der Schule, auf der Arbeit, im Kino, im Fußballstadion, in einem Zug oder Flugzeug können wir jederzeit essen und trinken. Schlimmer noch, ständig werden uns Dinge angeboten.

Prüfer: Warum ist das schlimm?

Kandidat: Früher hat man gefrühstückt, zu Mittag und Abend gegessen und das war's. Heute gibt es für viele keine feste Essenszeiten mehr. Wir sind ständig umgeben von Gerüchen, Plakaten und Werbeslogans, die uns überreden, etwas zu essen. Die Werbung ist sehr mächtig. Sie schafft es Lust auf etwas zu bekommen, was man gar nicht braucht. Man ist satt und hat doch Appetit.

Prüfer: Manche Ernährungswissenschaftler sagen, dass mehrere kleine Mahlzeiten gesünder als ein großes Mittag- oder Abendessen sind. Haben Sie Unrecht?

Kandidat: Das bringt uns zum größten Problem: Die Qualität der Ernährung. Viele Nahrungsmittel sind ungesund, insbesondere wenn sie einseitig konsumiert werden.

Prüfer: Was genau meinen Sie?

Kandidat: Zuckerreiche Dinge, wie Cola oder Süßigkeiten, sind in Maßen konsumiert in Ordnung. Wenn ich gleichzeitig viel Obst und Gemüse esse, ausreichend Wasser und Fruchtsäfte trinke, dann sind gelegentlich eine Cola oder eine Tafel Schokolade kein Problem. Immer mehr Menschen essen aber ausschließlich ungesunde Dinge, zum Beispiel Fastfood wie Burger, Pizza oder Pommes.

Prüfer: Warum? Die Menschen wissen doch auch, dass diese Dinge ungesund sind, oder?

Kandidat: Diese ungesunden Sachen schmecken aber gut! Sie sind überall erhältlich. Nach einem langen Schul- oder Arbeitstag kann man sie bei einem Schnellimbiss mit nach Hause nehmen, sie sich von einem Lieferservice bringen lassen oder sie in ein paar Minuten in der Mikrowelle zubereiten lassen. Wir Menschen in den reichen Industrieländern sind bequem geworden, wir haben genug Geld und wollen fast immer das, was uns schmeckt und nicht das, was gut für unsere Gesundheit ist.

Prüfer: Heißt das, dass gesundes Essen schlechter schmeckt?

Kandidat: Nein! Der Aufwand, aus gesundem Essen leckeres Essen zu machen, ist höher, das Angebot an gesundem Essen ist kleiner und leider kostet es häufig mehr.

Prüfer: Welche Rolle spielt der Sport beim Thema „Gesundes Essen"?

Kandidat: Eine sehr große Rolle! Mit ein Grund, warum so viele Menschen dick sind, ist die mangelnde Bewegung. Ein Fernsehabend auf der Couch ist deutlich gemütlicher als ein Waldspaziergang bei regnerischem Wetter. Trotzdem glaube ich, dass viele Menschen langsam begreifen, dass die Kombination „gesunde Ernährung" und „Bewegung" die richtige Antwort ist.

Supplementary questions on topic area ii
1 Wie würden Sie Ihre Ernährung beurteilen?
2 Bei welchen ungesunden Nahrungsmitteln werden Sie häufig schwach? Warum?
3 Was halten Sie von einer Fastfood-Steuer?
4 Nennen Sie gute Beispiele für effektive Werbung für gesundes/ungesundes Essen/Trinken!
5 Wie könnte man mehr Menschen zu mehr Bewegung überreden?
6 Warum kann nicht jeder essen und trinken was er will?

H (iii) Addiction and drugs

Smoking: more than just a bad habit?

Prüfer: Viele junge Leute rauchen: warum ist das so?

Kandidat: Ich selbst rauche nicht. Ich habe es mal probiert, aber es war nichts für mich. Es gibt nur wenige Leute, die ich kenne, die rauchen, weil es ihnen schmeckt. Ich glaube, man raucht aus anderen Gründen.

Prüfer: Was für Gründe sind das?

Kandidat: Viele Jugendliche rauchen, weil es cool ist. Dazu kommt noch, dass einige noch nicht rauchen dürfen, weil sie zu jung sind. Sie machen es aber trotzdem und tun dadurch etwas Verbotenes. Das erhöht den Reiz, man fühlt sich stark und erwachsen.

Prüfer: Wollen erwachsene Raucher auch cool sein?

Kandidat: Es gibt bestimmt auch ältere Leute, die aus ähnlichen Gründen rauchen. Die Werbung spielt dabei eine große Rolle.

Prüfer: Was meinen Sie?

Kandidat: Die Werbung will uns vermitteln, dass Rauchen ein bestimmtes Lebensgefühl ist: Freiheit, Lässigkeit, Abenteuerlust oder modernes Leben. Aber die meisten Erwachsenen rauchen in bestimmten Situationen.

Prüfer: Können Sie solche Situationen beschreiben?

Kandidat: Viele Leute rauchen in der Freizeit, zum Beispiel in der Kneipe. Andere greifen bei Stress-Situationen zur Zigarette, zum Beispiel bei Prüfungen oder im Beruf. Sie glauben, dass sie den Druck mit Rauchen besser bewältigen können.

Prüfer: Was meinen Sie, funktioniert das?

Kandidat: Entscheidend ist wahrscheinlich der Glaube daran und natürlich die Gewohnheit. Bei manchen Rauchern ist es allerdings noch schlimmer. Sie sind abhängig, vom Nikotin in den Zigaretten. Wenn sie keine Zigarette haben, werden sie ganz nervös. Ich habe letzte Woche einen Artikel gelesen, der sagt, dass die meisten randalierenden Flugpassagiere Raucher sind, die wegen des Rauchverbots richtig aggressiv werden. Ich bin überzeugter Nichtraucher, aber auf langen Flügen sollte man rauchen dürfen, also ich meine auf bestimmten Plätzen.

Prüfer: In vielen öffentlichen Gebäuden und manchen Restaurants gibt es Rauchverbote. Ist das gut so?

Kandidat: Ich bin mir nicht sicher. Wissen Sie was ich viel schlimmer finde? Wenn man in ein Krankenhaus oder ein öffentliches Gebäude will, dann stehen alle Raucher vor dem Eingang und man läuft durch eine Wolke aus Rauch. Wäre da ein kleines Raucherzimmer nicht besser? In Restaurants, so wie es in Amerika praktiziert wird, finde ich es blöd. Einige meiner Freunde rauchen, aber sie würden nie während des Essens rauchen, und sie fragen immer erst, ob es jemanden stört. Heißt das, dass wir nicht mehr gemeinsam in ein Restaurant gehen können? In ein Restaurant, in dem wir durch fettes Essen und viel Alkohol unserer Gesundheit schaden werden. Nein, das macht keinen Sinn.

Supplementary questions on topic area iii

1 Ist Rauchen wirklich so gesundheitsschädlich?
2 Gibt es noch andere Nachteile beim Rauchen?
3 Ein 17-Jähriger darf in seiner Freizeit rauchen, in der Schule nicht! Wie finden Sie das?
4 Es gibt Leute, die Werbung für Tabakprodukte verbieten wollen. Was ist Ihre Ansicht zu diesem Vorschlag?
5 In Amerika müssen manche Raucher mehr für ihre Krankenversicherung zahlen. Ist das eine gute Idee?
6 Der Staat hat eine doppelte Moral. Er kritisiert das Rauchen, aber verdient gut an der Tabaksteuer. Was ist Ihre Meinung dazu?

(iv) Sport and exercise

The pros and cons of sport

Prüfer: Worin sehen Sie die größten Vorzüge des Sports?

Kandidat: Ich glaube, dass sportliche Menschen gesünder sind. Durch die Bewegung oder das regelmäßige Training haben sie einen guten Ausgleich zu Schule und Beruf. Meiner Meinung nach sind sportliche Menschen schlanker, werden seltener krank und sind leistungsfähiger.

Prüfer: Können Sie Ihre Meinung begründen?

Kandidat: Ich bin kein Arzt, aber ich habe schon häufig gelesen, dass Sport das Immunsystem stärkt. Wir leben auch in Zeiten, in denen die Menschen zu viel und zu ungesund essen. Durch den Sport kann man einen Teil dieser Kalorien verbrennen und wird nicht so schnell dick.

Prüfer: Wer keinen Sport treibt, ist also öfter krank?

Kandidat: Ich denke, dass der Sport nicht unbedingt das Entscheidene ist. Sich regelmäßig bewegen ist besonders dann wichtig, wenn man viel sitzt. Leute, die den ganzen Tag vor dem Computer sitzen, sollten sich in ihrer Freizeit sportlich betätigen. Das muss keine Ballsportart sein. Schwimmen, Radfahren oder ein langer Spaziergang sind ideale Freizeitaktivitäten.

Prüfer: Kann denn Sport auch krank machen?

Kandidat: Grundsätzlich ist Sport gut. Nicht nur für den Körper, sonder auch für die Psyche. Man kann Stress oder Frust abbauen, richtig abschalten, die

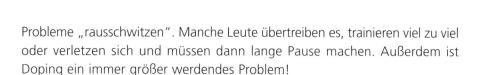

Probleme „rausschwitzen". Manche Leute übertreiben es, trainieren viel zu viel oder verletzen sich und müssen dann lange Pause machen. Außerdem ist Doping ein immer größer werdendes Problem!

Prüfer: Inwiefern?

Kandidat: Beim Spitzensport geht es hauptsächlich ums Gewinnen. Wer gewinnt, der wird berühmt und kann dadurch viel Geld verdienen. Das führt dazu, dass viele Trainer und Sportler versuchen, mit unerlaubten Mitteln Höchstleistungen zu bringen. Diese Dopingmittel haben oft gefährliche Nebenwirkungen und die Sportler gefährden so ihre Gesundheit. Aber das ist vielen egal oder nicht bewußt. Sie sehen nur den Ruhm und das Geld.

Prüfer: Was sollte man Ihrer Meinung nach mit gedopten Sportlern machen?

Kandidat: Wenn sie erwischt werden, muss man sie lange sperren. Ich bin auch dafür, dass sie einen Geldstrafe bekommen sollen. Wiederholungstäter sollen ins Gefängnis, denn sie betrügen das Publikum und die anderen Sportler. Sie sind Vorbilder für viele Menschen, besonders Kinder, und im Sport sollte die Fairness das Wichtigste sein.

Supplementary questions on topic area iv

1 Jeder Mensch sollte jeden Tag Sport treiben! Was halten Sie von dieser Forderung?
2 Was spricht gegen Sport?
3 Verdienen bestimmte Sportler zu viel/zu wenig Geld?
4 In vielen asiatischen Firmen ist Sport ein Teil des Arbeitstages. Wie finden Sie das?
5 Die Sportpresse wählt jedes Jahr die Sportler des Jahres. Welche Qualitäten sollen solche Personen Ihrer Ansicht nach haben?
6 Welche Trendsportarten gibt es in Ihrem Land? Wie genau funktionieren sie?

J (v) Holidays and tourism

Mass tourism

Prüfer: In letzter Zeit hört man öfter von Massentourismus, was ist Ihrer Meinung nach damit gemeint?

Kandidat: Massentourismus, das ist wenn viele Leute eines Landes zur gleichen Zeit an den selben Ort fahren, zum Beispiel Touristen ans Mittelmeer. Sie werden alle mit dem Bus vom Flughafen ins Hotel gebracht. Die Hotels sind oft riesige, häßliche Hochhäuser, mit Tausenden Betten und Restaurants wie Kantinen. Im Supermarkt gibt es die selben Produkte wie zu Hause, in den Restaurants die selben Gerichte, an den Zeitungsläden die selben Zeitschriften und in den Discos läuft die selbe Musik. Alles ist gut organisiert und man braucht auf nichts Bekanntes zu verzichten.

Prüfer: Das gefällt doch sicher vielen Menschen, oder?

Kandidat: Das schon, aber sie lernen das Land, das sie besuchen, nicht wirklich kennen. Sie probieren nicht die typischen Gerichte, sie sehen wenig oder gar nichts von der Kultur des Landes, höchstens ein paar kulturelle Sehenswürdigkeiten auf einer organisierten Bustour. Die wenigsten mieten ein Auto und erkunden die Landschaft. Sie treffen nicht die Einwohner, sondern nur Saisonarbeiter oder ausländische Hilfskräfte. Sie zeigen kein Interesse für das, was die Menschen wollen, wie sie leben, arbeiten, denken und fühlen.

Prüfer: Aber wenn alle damit zufrieden sind, wo ist das Problem?

Kandidat: Natürlich profitiert ein Land vom Massentourismus, es bedeutet Geld und Arbeitsplätze, für die Hotelgesellschaften, Restaurants und Busunternehmen. Die Touristen bringen auch viel Geld, dass man investieren kann. Aber oft ist der Preis hoch, den die Urlaubsgebiete bezahlen. Straßen und Hotels müssen gebaut werden, dafür wird wunderschöne Landschaft zerstört. Die Umwelt wird sehr stark belastet, durch die Abfälle, durch den hohen Verbrauch von Trinkwasser, durch den Verkehr und die Abwässer. Die Preise für Grundstücke steigen, so dass die Einheimischen sie sich nicht mehr leisten können. Und niemand fragt die Einheimischen, ob sie das überhaupt wollen.

Prüfer: Gibt es denn Alternativen zum Massentourismus?

Kandidat: Ja und nein! Man kann den Menschen nicht verbieten in Urlaub zu fahren. Doch ein sanfter Tourismus, ein Tourismus in Maßen könnte die Situation verbessern.

Supplementary questions on topic area v

1 Wie könnte so ein sanfter Tourismus aussehen?
2 Kann man sich nicht auch zu Hause erholen und das Geld für eine teure Urlaubsreise sparen?
3 Viele Menschen finden es schwierig, ihre Freizeit sinnvoll zu gestalten. Warum ist das so, und welche Tipps könnten Sie ihnen geben?
4 Die Sportpresse wählt jedes Jahr den Sportler und die Sportlerin des Jahres. Welche Qualitäten sollte eine solche Person Ihrer Ansicht nach haben?
5 Jeder Mensch sollte jeden Tag Sport treiben! Was halten Sie von dieser Forderung?
6 Freizeitexperten schlagen immer wieder vor, während der Woche einen fernsehfreien Tag und einmal im Monat einen autofreien Tag einzuführen. Was halten Sie von der Idee und für was könnte so etwas gut sein?

K (vi) Leisure and culture

Changes in free-time activities

Prüfer: Viele Menschen behaupten, dass immer mehr Jugendliche nur noch vor dem Fernseher oder dem Computer sitzen. Was meinen Sie?

Kandidat: Nur Jugendliche? Nun, ich glaube, dass das zum Teil stimmt. Es gibt immer mehr Fernsehprogramme und ganz tolle Computerspiele, bei denen man sich sogar sportlich betätigen oder etwas lernen kann. Trotzdem denke ich, dass die meisten Jugendlichen viele andere Interessen haben. Aber es gibt eine Minderheit, die nur vor der Glotze oder dem PC hockt.

Prüfer: Was machen Jugendliche denn so?

Kandidat: Neben dem Sport, sind Musik und Tanzen sehr beliebt. Man geht in die Disco oder auf Konzerte. Viele Jugendliche spielen selbst ein Instrument.

Prüfer: Wie finden Sie das, ein Instrument zu spielen?

Kandidat: Natürlich ist das harte Arbeit. Man muss üben, üben, üben, ein bisschen wie in der Schule. Aber man kann in einer Band spielen. Ich denke es ist wichtig, etwas zusammen zu machen.

Prüfer: Wie meinen Sie das?

Kandidat: Zum Fernsehen und Computerspielen braucht man niemanden. Aber gerade in der Gruppe machen Dinge wie Kartenspielen oder Kinobesuche besonders Spaß. Man spricht mit Leuten, spricht über Dinge, die einem passiert sind.

Prüfer: Ich habe das Gefühl, dass Dinge wie Theater, Museen und Ausstellungen nicht mehr so beliebt sind.

Kandidat: Ich glaube auch. Viele Museen müssen sich verändern, attraktiver werden. Bei den Theatern ist es so, dass sich immer weniger Menschen für alte Stücke begeistern können. Die müssten mehr moderne Stücke spielen. Ausstellungen, zum Beispiel über Malerei, waren schon immer sehr speziell.

Prüfer: Sind Sie mit dem kulturellen Angebot zufrieden?

Kandidat: Ich glaube, Menschen, die in der Nähe von Großstädten leben, haben es besser, da gibt es ein größeres Angebot für sie. Auf dem Lande gibt es oft zu wenig. Dennoch könnten die Schulen mehr für die Kultur tun, im Unterricht über aktuelle Ausstellungen sprechen oder häufige Fahrten ins Theater anbieten.

Supplementary questions on topic area vi

1 Was sind Ihrer Meinung nach, außer Sport, die beliebtesten Freizeitbeschäftigungen? Warum?
2 Wie finden Sie die Preise für bestimmte Freizeitaktivitäten, was ist teuer oder günstig?

3 Glauben Sie, dass sich das Freizeitverhalten in den letzten 50 Jahren verändert hat? Wenn ja, ist es besser oder schlechter geworden?

4 Beschreiben Sie eine tolle Freizeitaktivität der letzten 6 Monate. Was daran, fanden Sie besonders toll?

5 Soll der Staat die Kultur finanziell unterstützen? Wenn ja, was besonders?

6 Welche Rolle sollte Kultur an der Schule spielen?

(vii) Technology

The pros and cons of mobile phones

Prüfer: Ich habe gelesen, dass jedes dritte Kind sich zu Weihnachten ein Handy gewünscht hat. Warum sind Handys so beliebt?

Kandidat: Ich habe auch ein Handy. Aber keine Sorge, es ist abgeschaltet. Heutzutage braucht man ein Handy!

Prüfer: Aber es gibt doch Telefonzellen, oder?

Kandidat: Ja sicher, aber die sind entweder kaputt oder nicht da, wenn man sie braucht. Mit einem Handy ist man flexibler und mobiler. Man kann überall und immer Anrufe empfangen. Wenn man nicht gestört werden will, wird die Nachricht vom Anrufbeantworter aufgenommen. Kein dringender Termin, keine wichtige Nachricht geht mehr verloren.

Prüfer: Termine, Nachrichten, das klingt mehr nach Geschäftswelt?

Kandidat: Auch junge Leute haben viele Termine. Aber ich nenne Ihnen mal drei typische Situationen, wo ein Handy wirklich nützlich ist. Nummer 1: die Eltern können das Kind nicht von der Schule abholen, weil etwas dazwischen gekommen ist. Eine kleine SMS, und das Problem ist gelöst. Nummer 2: ein junges Mädchen muss im Winter einen dunklen Weg nach Hause gehen. Wenn sie sich unsicher oder bedroht fühlt, kann sie sofort Hilfe rufen. Nummer 3: die Kinder gehen am Samstagabend weg, und können den Eltern telefonisch mitteilen, wann und wo man sie abholen kann, damit nichts passiert.

Prüfer: Also hat ein Handy nur Vorteile, oder?

Kandidat: Theoretisch schon. Aber es nervt nicht nur den Lehrer, wenn im Unterricht dauernd ein anderes Mobiltelefon klingelt. Und viele Leute übertreiben es auch.

Prüfer: Was meinen Sie mit „übertreiben"?

Kandidat: Manche Schüler schicken 30–40 SMS pro Tag, an Freunde, die sie dauernd sehen. Sie schicken Nachrichten, nicht weil sie etwas mitteilen wollen, sondern einfach aus Spaß. Bei einigen Schülern zahlen die Eltern die Telefonrechnung, denen ist das egal. Andere müssen aber mit ihrem Taschengeld bezahlen. Das kann ganz schön teuer werden. Meine erste

Telefonrechnung war auch sehr hoch, da ist mehr als die Hälfte meines Taschengeldes draufgegangen. Heute bin ich vorsichtiger, und benutze mein Handy nur wenn ich es wirklich brauche — meistens!

Prüfer: Könnte man das Handy auch als eine Art Modeartikel bezeichnen?

Kandidat: Absolut, wer bei den Kleinen kein Handy hat, der ist out. Es gibt auch so viel Werbung für Mobiltelefone, oder auch für Spiele und Klingeltöne. Das ist perfektes Marketing und fast alle Jugendlichen und auch viele Erwachsene machen mit: „Ich habe ein Handy, deshalb bin ich ein moderner Mensch!"

Supplementary questions on topic area vii

1 Ist es richtig, dass die Benutzung von Handys beim Autofahren verboten ist?
2 Sollte man Handys auch an anderen Orten verbieten, zum Beispiel im Restaurant, im Zug, im Museum oder im Bus?
3 Manche Wissenschaftler glauben, dass Handys gesundheitsschädlich sind. Was für Argumente haben sie?
4 Für die Mobilnetze braucht man große Antennen an vielen Orten. Würde es Ihnen etwas ausmachen, direkt neben einer Antenne zu wohnen?
5 Ist das Telefonieren mit Mobiltelefonen zu billig oder zu teuer?
6 Gibt es Situationen, in denen Sie ein Handy stört?

M (viii) The world of school and work

The German school system

Prüfer: Die meisten deutschen Schüler sind schon gegen 13.30 Uhr zu Hause. Wie finden Sie das?

Kandidat: Das stimmt, ich war selbst einmal bei einem Schüleraustausch dabei. Allerdings fängt in den meisten Schulen der Unterricht auch schon um 7.45 an. Da bin ich zu Hause gerade erst aufgestanden. Trotzdem, die deutschen Schüler haben mehr Freizeit. Ich glaube, das würde mir auch gut gefallen.

Prüfer: Warum?

Kandidat: Morgens Schule, am Nachmittag Hausaufgaben und Lernen, und danach Freizeit, beim deutschen Schultag hat man einfach das Gefühl, dass der Tag länger ist. Aber das deutsche System hat auch Nachteile.

Prüfer: An was für Nachteile denken Sie?

Kandidat: Man kann sitzen bleiben. Wenn man in zwei Hauptfächern schlechte Noten hat, muss man das Jahr wiederholen. Man kommt mit

Jüngeren zusammen, verliert all seine Freunde und muss den gleichen Schulstoff in allen Fächern noch mal machen.

Prüfer: Hat das Nachsitzen nicht auch Vorteile?

Kandidat: Na klar, man lernt den Schulstoff besser. Wenn man schlecht in Mathe ist, kann man nicht einfach weiter machen. Man muss das Jahr noch mal machen, damit man alles versteht. Aber das funktioniert nicht immer. Außerdem sind die Noten oft vom Lehrer abhängig.

Prüfer: Fallen Ihnen noch andere Besonderheiten des deutschen Systems ein?

Kandidat: In der Oberstufe haben deutsche Schüler mehr Fächer. Es geht dadurch nicht so sehr um eine Spezialisierung, sondern um das Allgemeinwissen. Fächer wie Mathe, Deutsch oder eine Fremdsprache kann man nicht abwählen.

Prüfer: Wie finden Sie das?

Kandidat: Die Idee ist gut, aber viele sind froh, wenn sie ein schwaches Fach loswerden können. Ich war immer sehr schwach in Mathe, deshalb bin ich jetzt froh, dass ich es nicht mehr habe. Dafür kann ich mich jetzt auf meine Spezialfächer konzentrieren.

Prüfer: Wäre eine Spezialisierung erst auf der Universität nicht besser?

Kandidat: Ja und nein. Sicherlich ist es gut, dass man in der Oberstufe ein gutes Allgemeinwissen bekommt. Es sollte eine Art Vorbereitung fürs Leben sein. Man sollte Mathe haben, denn jeder muss sein Geld organisieren. Man sollte auch eine Fremdsprache lernen, denn im Urlaub oder an der Uni trifft man Menschen aus anderen Ländern. Auf der anderen Seite ist es gut, dass man ein Fach mal ausprobieren kann. Wenn es einem nicht gefällt, ist das beim Abitur nicht so schlimm wie auf der Universität.

Supplementary questions on topic area viii

1 Fallen Ihnen noch andere Unterschiede zwischen Ihrem und dem deutschen Schulsystem ein?
2 In Deutschland gibt es weniger Gesamtschulen. Wie finden Sie das?
3 In Deutschland gibt es nur sehr wenige Privatschulen. Ist das Ihrer Meinung nach eher ein Vorteil oder ein Nachteil?
4 Jedes Bundesland hat in Deutschland sein eigenes Schulsystem. Könnte das ein Problem sein?
5 In Deutschland gehen die Kinder erst mit 6 Jahren zur Schule. Ist das nicht zu spät?
6 In einigen Ländern lernen die Kinder in der Grundschule eine Fremdsprache, wie zum Beispiel Englisch oder Französisch. Ist das eine gute Idee?

N (ix) Transport

A closer look at different means of transport

Prüfer: Was ist für Sie das beste Transportmittel?

Kandidat: Für kurze Strecken ist ohne Zweifel das Auto das beste Transportmittel. Es ist schnell, einfach und bequem.

Prüfer: Wie meinen Sie das?

Kandidat: Wenn ich nach Amerika will, dann nehme ich natürlich ein Flugzeug. Aber für alle Strecken, sagen wir bis 400–500 km, ist das Auto am schnellsten. Wenn ich jemanden besuche, dann wohnt der nicht auf dem Flugplatz oder neben dem Bahnhof, deshalb schlägt da das Auto Flugzeug und Zug. Mit dem Auto kann ich bis vor die Haustür fahren. Ich werde bei Regen nicht nass, bei Hitze stelle ich die Klimaanlage an. Ich kann 3–4 Freunde mitnehmen und dabei meine Lieblingsmusik hören. Im Kofferraum ist genug Platz für viel Gepäck. Besser geht es nicht! Das ist aber leider nur die eine Seite.

Prüfer: Und wie sieht die andere Seite aus?

Kandidat: Der zunehmende Straßenverkehr ist eine große Belastung für die Umwelt. Trotz bleifreien Benzins und Katalysatoren verschmutzen die Autos und LKW die Luft. Sie verbrauchen viel Benzin, dass aus Öl hergestellt wird und bekanntlicherweise immer knapper und teurer wird. Viele Innenstädte sind täglich im Berufsverkehr verstopft. In der Nähe der Fußgängerzonen gibt es nur wenige Parkplätze oder sie sind überteuert. Jedes Jahr sterben auf der Autobahn tausende Menschen, meist in schlimmen Unfällen, die dann kilometerlange Staus verursachen.

Prüfer: Das heißt, man sollte öfter das Auto zu Hause lassen und stattdessen mit Bussen, Bahnen oder anderen öffentlichen Verkehrsmitteln fahren?

Kandidat: Theoretisch schon. Doch auch diese Transportmittel haben große Probleme. Züge sind auch nicht billig und leider häufig unzuverlässig: kaputte Loks und Verspätungen sind normal. Oft sind die Züge überfüllt. Die Bahnhöfe liegen im Zentrum, was zum Beispiel für Pendler schwierig ist, denn Parkplätze fehlen oder sind nicht zu bezahlen.

Prüfer: Aber die Bahn ist doch umweltfreundlicher, oder?

Kandidat: Absolut! Für Touristen und Geschäftsleute, die zwischen den großen Städten pendeln möchten, ist die Bahn mit ihren ICEs eine schnelle und saubere Alternative. Anders als die Billigflieger!

Prüfer: Aber dank der Billigflieger haben doch viele Leute mit wenig Geld endlich die Möglichkeit ins Ausland zu reisen, oder?

Kandidat: Das ist richtig. Aber ähnlich wie der Straßenverkehr verschmutzt der Flugverkehr die Luft. Es ist einfach so, das ideale Verkehrsmittel gibt es nicht.

Supplementary questions on topic area ix

1 Was ist Ihr liebstes Transportmittel?

2 Welche Transportmittel mögen Sie eher weniger? Warum?

3 Welche Rolle könnten Fahrräder spielen, wenn die Ölpreise weiter steigen? Gibt es andere Alternativen, z.B. Car-Sharing?

4 Sollte der Staat mehr in Straßen und Autobahnen oder öffentliche Verkehrsmittel investieren?

5 Wie finden Sie es, dass reiche Geschäftsleute per Hubschrauber zur Arbeit fliegen?

6 Wenn die Benzinpreise weiter steigen und man Autobahngebühren auch für PKW einführen würde, dann würden auch mehr Leute öffentliche Verkehrsmittel benutzen! Wäre das Ihrer Ansicht nach ein Schritt in die richtige Richtung?

(x) The media

The pros and cons of advertising

Prüfer: Wir sind heutzutage fast überall von Werbung umgeben. Wie finden Sie das?

Kandidat: Es kommt darauf an. Im Kino finde ich die Werbung eigentlich ganz gut. Viele Leute kommen zu spät, die würden ohne Werbung den Film stören. Man kann noch mit seinen Freunden sprechen und wenn der Film dann anfängt, sind die meisten Popcorntüten leer.

Prüfer: Aber es gibt doch nicht nur Werbung im Kino!

Kandidat: Natürlich, im Fernsehen gibt es immer mehr Werbespots. Manche sind auch ganz witzig, viele nerven aber sehr. Es stört besonders, wenn der Film gerade an einer spannenden Stelle ist und dann wird unterbrochen. Das Argument, dass man in der Pause was zu trinken holen oder auf Toilette gehen kann, überzeugt mich nicht. So oft kann man gar nicht auf Toilette gehen. Aber ohne Werbung geht es eben nicht!

Prüfer: Wieso, es gibt doch Fernsehstationen, die ohne Werbung auskommen!

Kandidat: Dafür zahlen wir dann Fernsehgebühren. Aber die richtigen guten Filme kosten sehr viel Geld, und dieses Geld bezahlt die Werbewirtschaft. Die Firmen wollen aber ihre Produkte verkaufen und wollen deshalb die Zeiten bei den besten Filmen oder Sportveranstaltungen.

Prüfer: Dann ist doch alles in Ordnung, dank der Werbung bessere Filme!

Kandidat: Moment, auf den ersten Blick scheint alles gut zu sein. Aber leider informiert die Werbung nicht nur, sie beeinflusst, ja manipuliert uns.

Prüfer: Können Sie das etwas genauer erklären?

Kandidat: Ein gutes Beispiel sind Frauen in der Werbung. Sie sind immer schlank, toll angezogen und bei bester Laune. Andere Frauen und besonders junge Mädchen vergleichen sich mit ihnen und werden unzufrieden, weil sie nicht so schlank sind, weil sie nur wenige schöne Kleidung haben und nicht täglich gut gelaunt sind. Das macht sie dann unzufrieden, sie glauben zum Beispiel mit Diäten das Problem lösen zu können. Dabei wären sie mit ein paar Kilos mehr glücklicher, weil sie das essen könnten, was ihnen wirklich schmeckt.

Prüfer: Sie sagten „besonders junge Mädchen", wieso besonders diese Gruppe?

Kandidat: Leider gibt es immer mehr junge Mädchen, die an Magersucht leiden. Diese Krankheit, die man auch Bulimie nennt, glaube ich jedenfalls, kann zum Tode führen. Die jungen Mädchen wollen so wie Top-Models aussehen. Nach Hunger-Phasen kommt es zu Fressattacken und hinterher wird das Gegessene wieder erbrochen. Die Mädchen magern total ab und es ist sehr schwierig ihnen zu helfen. Aber es gibt noch viele andere Beispiele, wie Alkohol, Zigaretten, die uns verführen wollen.

Prüfer: Aber es gibt doch auch Werbung für ganz andere Dinge, z.B. Autos oder Banken?

Kandidat: Aber auch diese Spots machen uns unzufrieden oder gierig. Unzufrieden, weil wir feststellen, was wir haben könnten, aber nicht besitzen. Und gierig, weil es so viel Neues und Besseres gibt. Dahinter steht der Wunsch nach Reichtum, denn mit viel Geld kann man sich alles kaufen, was in der Werbung gezeigt wird. Die Mehrheit der Leute hat das Geld nicht, ist aber froh, wenn es zu einem neuen Auto reicht.

Supplementary questions on topic area x

1 Welche Gründe sprechen für Werbung?
2 Beschreiben Sie einen Werbespot, der Ihnen besonders gut gefallen hat und begründen Sie warum.
3 Beschreiben Sie einen Werbespot, der Ihnen überhaupt nicht gefällt und begründen Sie warum.
4 Können Kinder alle Werbespots problemlos anschauen? Bei welchen Spots hätten Sie Bedenken?
5 Gibt es Produkte oder Dienstleistungen, für die man nicht werben sollte? Warum?
6 Glauben Sie, dass Sie von der Werbung beeinflusst werden, und wenn ja, wie?

A How to structure an argument

One of the most challenging tasks in German is writing an essay. Frustrating though it may seem, there is no perfect formula for essay writing. The core of an essay should be a coherent set of points in support of a claim. This is called an argument, and the main question is how best to structure it. Figuring out the best of all possible structures for an argument is among the most difficult tasks a student writing in German will face. Everything comes together: grammar, basic and specific vocabulary, phrases and idioms, facts, opinions, style and structure. What you intend to say will determine how you are going to say it, but first you need some general idea about how to structure it.

The model below is by no means the perfect solution but it should be useful. It gives you a framework you can work with, especially at AS and A-level. Through practice it will help you to become more effective in your planning and structuring of essays. Your goal is to write clearly and concisely so that whoever reads your essay can appreciate your factual points, see your point of view and follow your general train of thought.

The model consists of eight sections. Move through the sections one at a time, ensuring that they have clear links to each other as you progress through your essay. The section '*Beispiele*' (examples) applies to all the other sections. It is vital to clarify your ideas with good examples, especially in a foreign language, where understanding can be difficult at times owing to a lack of vocabulary. If you describe relationships, experiences and events or talk about things you have read or seen, the examples you give will help to support your ideas.

Mein Argument (my argument)
State your argument. Make sure it is interesting and that there are different sides to it.

Erklärung (explanation)
Construct a coherent and focused paragraph, in which you explain the argument.

Erläuterung (clarification)
Clarify any difficult points in the argument.

Begründung (substantiation)
Expand your argument and back it up with facts. Every point needs to be supported.

Beweis (proof/evidence)
Back up your statements with some evidence. Statistical material can be helpful here.

Gegensätze (antithesis)

Acknowledge other points of view. Discuss the strengths and weaknesses of the opposing views. Evaluate them, dismiss the ones you consider weak, and refute the stronger ones.

Informieren (informing) — Überzeugen (convincing) — Kommentieren (commenting)

You will want to write something that helps readers to understand your topic, to convince them of your argument or to see the topic in a new way. But you need to do more than that: you need to construct an informed argument in which you differentiate between what you **know** and what you **think** about the topic. You want to inform and you want to argue. Structuring the argument is helpful in this movement from what you know about a topic to what you think. Your personal opinions play an essential role within the argument and this is the place where you should express them.

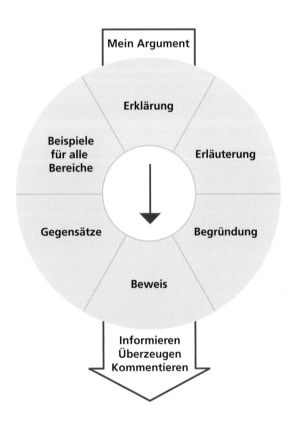

Topic area i: Family and relationships

Subject: Conflicts between the generations

Mein Argument

Die Begegnung junger Menschen mit der Elterngeneration ist heutzutage schwierig!

Erklärung

Viele Erwachsene wollen als Autorität respektiert werden. Doch viele Jugendliche stehen diesem Autoritätsanspruch kritisch gegenüber. Daraus können Konflikte erwachsen, die in bestimmten Situationen eskalieren.

Beispiele für Erklärung

Eltern wollen derjenige sein, der entscheidet was wann wie gemacht wird. Wenn die Kinder klein sind, dann funktioniert das gut. Kleine Kinder denken, dass die eigenen Eltern alles können. Doch wenn sie älter werden, lernen sie, dass das anders ist und sie werden kritischer. Das kann zu Konflikten, wie Diskussionen und Streit, führen, bei denen es auch zu Strafen und Verboten kommt. Manche Kinder laufen sogar von zu Hause weg.

Erläuterung

Erwachsene stellen Regeln auf, verbieten Sachen oder versuchen die Kinder von ihren Ansichten zu überzeugen. Doch die jugendlichen Kinder akzeptieren nicht ohne weiteres Verbote und Meinungen der Eltern. Sie beginnen nämlich den Wert ihrer eigenen Person zu erkennen und wollen sich nichts mehr sagen und vorschreiben lassen. Sie wollen selbst entscheiden und bilden sich eigene Meinungen.

Beispiele für Erläuterung

Ansichten und eigene Meinungen von Kindern können sehr unterschiedlich sein. Während die Großeltern und Eltern Opern- und Volksmusik schön finden, bevorzugen Jugendliche eher Popmusik. Das Aussehen ist ein weiterer Streitpunkt: mit kurzen, gepflegten Haaren und wenig Schmuck macht man einen guten Eindruck, dagegen sind lange oder gefärbte Haare geschmacklos und Ohrringe bei Männern unakzeptabel. Das finden viele junge Leute nicht, und das führt natürlich zu großen Konflikten, besonders wenn zum Beispiel die Haare ohne die Erlaubnis der Eltern hellblau gefärbt werden. Auch die Schule ist klassisches Thema von Diskussionen, zum Beispiel Hausaufgaben oder schlechte Noten.

Begründung

Erwachsene waren selbst einmal in der Rolle der Kinder, jetzt ahmen sie das Verhalten ihrer Eltern nach. Erwachsene haben eine andere Beziehung zu Geld und Wohlstand. Viele Jugendliche befinden sich in der Pubertät; entwicklungs-bedingt versuchen viele, in diesem Abschnitt sich selbst und das Leben besser zu verstehen. Teil dieser Suche ist ein Infragestellen aller gängigen Norme und Werte. Das bedeutet, dass die Streitereien und Konflikte ein normaler Abschnitt des Erwachsenwerdens sind. Zeitbedingt gibt es heute zusätzlich einen viel stärkeren Trend zur Mitbestimmung, zur Mitberatung, Diskussion und Gleichberechtigung. Kinder und Jugendliche werden dazu angeregt, sich zu äußern und eine eigene Meinung zu haben.

Beispiele für Begründung

Das Nachahmen des Verhaltens der eigenen Eltern besteht oft aus bestimmten Prinzipien und Strafen: „Zwei Tage Stubenarrest haben mir auch nicht geschadet!" Ein großer Unterschied ist jedoch, da Eltern und Großeltern eine andere Beziehung zu Geld und Wohlstand haben. Das Aufwachsen in Kriegs- und Nachkriegsjahren

bedeutete Entbehrungen. Moped, Computer, Handy, Kosmetika waren keine Selbstverständlichkeiten sondern Luxusgüter beziehungsweise es gab sie nicht. Heute gehören sie zum täglichen Leben. Viele Jugendliche stellen bestimmte Regeln und Verbote in Frage: „Warum soll man erst mit 18 Alkohol trinken?" oder „Warum soll man jeden Sonntag in die Kirche gehen?" In der Schule lernen die Jugendlichen durch die Wahl des Klassensprechers und Diskussionen, Verantwortung für sich und andere zu tragen. Dieses Maß an Mitbestimmung möchten sie auch in der Familie realisieren.

Beweis

Die neuste Shell-Jugendstudie zeigt, dass im Alter von 14 bis 16 Jahren nur 29% aller Jugendlichen so sein wollen wie ihre Eltern; bei Jugendlichen unter 14 Jahren 54%, bei jungen Erwachsenen über 18 Jahren immerhin 37%.

Beispiel für Beweis

Die Jugendlichen in der Altersklasse 14–16 kritisieren besonders den Kleidungsstil, die Freizeitinteressen und den Musikgeschmack der Eltern.

Gegensätze

Es gibt auch positive Ansätze eines partnerschaftlichen und konstruktiven Umgangs der Generationen miteinander. In vielen Familien versucht man konstruktiv miteinander umzugehen. Kinder interessieren sich für die Interessen und Probleme der Eltern und umgekehrt. Man unternimmt Dinge gemeinsam und findet das gut. Die Großeltern sind wertvolle Ansprechpartner, die oft eine andere Perspektive haben.

Beispiele für Gegensätze

Ein positiver Ansatz ist zum Beispiel das Konzept der Großfamilie, in der alle zusammenhalten und sich gegenseitig helfen. „Meine Mutter ist meine beste Freundin, mit ihr kann ich frei und offen über alles reden" oder „Einmal im Monat mache ich mit meinem Vater einen gemütlichen Kneipenbummel" sind Ausdruck eines neuen Rollenverständnisses zwischen Eltern und Kind. Gerade bei berufstätigen Eltern, können die Großeltern sehr nützlich sein: „Meine Eltern haben nie Zeit, aber zu meinen Großeltern kann ich mit allen Problemen kommen."

Informieren — Überzeugen — Kommentieren

Alt und Jung, Eltern und Kinder, das bedeutet immer Probleme. Harmonischer, verständnisvoller Umgang, das ist die große Ausnahme. Eltern und Kinder hatten, haben und werden immer Konflikte miteinander haben. Ich bin der Ansicht, dass Erwachsene einfach nicht verstehen können, wie es in Jugendlichen aussieht. Ich glaube, dass sie ihre eigene Kindheit vergessen haben. Meiner Meinung nach ist das größte Problem, dass sich junge, alte und ganz alte Menschen für total unterschiedliche Dinge interessieren. Das fängt bei der Musik an und hört bei den Zeiten auf. Alte Menschen stehen früh auf und gehen früh ins Bett, junge Menschen feiern gern lange und wollen dann lang schlafen. Ich bin der Überzeugung, dass Eltern auch ihre Autorität ausspielen wollen. Doch viele Kinder rebellieren dagegen, besonders wenn die Regeln und Verbote dumm sind. Nein, problemlose Zeiten zwischen Eltern und Kindern wird es nie geben, aber sie gehören eben dazu!

B Different viewpoints

Before you consider your stance on a particular topic, make sure you have viewed the topic from different perspectives. Each perspective represents a different focus or direction from which you approach the topic. Follow these seven steps.

Step 1: What is your stance on the topic?

Before reading, analysing and thinking about a topic, ask yourself what your current position on it is.

Step 2: What do you know about the topic?

What facts, figures and information do you already have? Are there any gaps? How can you fill the gaps? Can you speak to family and friends? Can you find a book in the library? Are there any useful articles in newspapers or magazines? Are there any television programmes on the topic?

Step 3: How do you feel about the topic?

What are your feelings about the topic? Do you feel strongly about it? Have you got an extreme position or do you have mixed feelings and understand both sides?

Step 4: Positive elements

What are the hard facts or main arguments in favour of your position?

Step 5: Negative elements

What are the hard facts or main arguments against your position?

Step 6: Are there any solutions, compromises, new ideas?

You need to be creative; can you think of unusual solutions, of alternatives that allow an acceptable compromise? Are there any totally new ideas and new ways of dealing with the situation that are worth considering?

Step 7 (after completing the first six steps): What is your stance on the topic now?

You should be able to express a more balanced view now. Has your stance changed — do you need to alter your position? Have you discovered things you didn't know about before?

1 Topic area viii: The world of school and work

Subject: The pros and cons of school uniform

Schritt 1 (step 1): meine Haltung

Ich bin absolut gegen Schuluniform!

Schritt 2: die Fakten

- In Deutschland gibt es fast gar keine Schuluniformen.
- Ausnahme: ein paar Privatschulen.
- In England tragen die Mehrzahl der Schüler in Grund- und weiterführenden Schulen eine Uniform.
- Jede Schule hat ihre eigene Uniform.
- Die Uniformen der verschiedenen Schulen unterscheiden sich hauptsächlich durch die Farbe und die Wahl der Kleidungsstücke.
- Traditioneller ist das Tragen von Blazern mit Krawatte, moderner das Tragen von Sweatshirts.
- Die Schuluniform muss von den Eltern für die Kinder gekauft werden.
- An den meisten Schulen gibt es auch für den Sportunterricht eine spezielle Uniform.

Schritt 3: die Emotionen

- Ich finde es schrecklich, wenn ich eine bestimmte Farbe tragen muss, obwohl mir die Farbe überhaupt nicht steht.
- Schuluniform ist total unpraktisch und idiotisch, besonders Blazer im Hochsommer.
- Ich hasse es, wenn Mädchen gezwungen werden, Röcke zu tragen.
- Ich liebe es, wenn ich morgens je nach Wetter und Laune meine Kleidung aussuchen kann.
- Ganz toll finde ich es, wenn ich ein neues Kleidungsstück trage und Komplimente von meinen Freunden, manchmal sogar von einem Lehrer, bekomme.

Schritt 4: die Vorteile

- Schuluniform fördert die äußere Gleichberechtigung der Schüler.
- Man kann nicht von der Kleidung auf die soziale Herkunft schließen.
- Schüler, die sich keine Markenklamotten leisten können, werden nicht mehr gehänselt oder schikaniert.
- Schüler ohne Markenklamotten werden ausgegrenzt; dadurch fühlen sie sich als Menschen 2. Klasse, haben weniger Selbstbewusstsein oder schämen sich.
- Alle Schüler tragen eine Uniform: die eine heißt Schuluniform, die andere heißt Markenkleidung; die erste ist billiger.
- Schüler sparen morgens Zeit, weil die Auswahl der Kleidung entfällt.
- Uniform unterstützt die Identifikation mit der Schule.
- Schuluniform wirkt ordentlich.
- Bei Konflikten unter Schülern verschiedener Schulen ist eine Feststellung der Identität einfacher, weil man den Schüler der Schule zuordnen kann.

Schritt 5: die Nachteile

- Schuluniform kostet auch eine Menge Geld.
- Schikane von Schülern gibt es immer, mit oder ohne Uniform.
- Schüler werden immer gehänselt, nicht nur wegen der Kleidung, sondern wegen des Füllers, der Pickel, der Zahnspange, der Brille, usw.
- Kleidung ist ein Ausdruck von Freiheit und Individualität.
- Man kann sich nicht mehr über einen bestimmten Kleidungsstil definieren, sondern nur noch über gute Noten; das bevorteilt die besseren Schüler.

- Trotz Schuluniform gibt man Geld für andere Klamotten aus, für die Nachmittage, Abende und Wochenenden.
- Die Schikane der Schüler ohne Markenkleidung wird vom Vormittag, wo ein Lehrer noch helfen könnte, auf den Nachmittag und das Wochenende verschoben, wo kein Lehrer anwesend ist.
- Schüler werden schikaniert, weil sie eine bestimmte Schule besuchen, zum Beispiel eine Schule mit schlechtem oder gutem Ruf.

Schritt 6: ungewöhnliche Lösungen

- Modische Schuluniformen, also zum Beispiel edle Jeans.
- Verträge mit bekannten Modehäusern oder Sportartikelherstellern, die Kleidung und Schuhe für die Schule entwerfen: Gleichheit ja, aber chic!
- Das Tragen professioneller Kleidung für alle, Lehrer und Schüler, also Kleidung, die man im Geschäftsleben tragen würde.
- Schuluniform mit Freiheiten; Jacke und Hose/Rock vorgeschrieben, Schuhe, Gürtel, Halstücher, Schals, Schlipse frei wählbar.

Schritt 7: meine (neue) Position

- Ich bin noch immer gegen Schuluniform.
- Ich habe jetzt aber bessere Argumente.
- Das einzige gute Argument für Schuluniform ist, dass Schüler nicht mehr wegen ihrer Kleidung schikaniert werden.
- Die Kleidung ist heutzutage sehr wichtig, coole Kleidung bedeutet gutes Image.
- In meiner Schule werden einige Schüler wegen ihrer Kleidung schikaniert, aber nicht nur wegen ihrer Kleidung.
- Schikane gehört leider zum Leben dazu, sie findet nicht nur in der Schule statt.
- Schuluniform bekämpft nicht die Ursachen des Problems sondern die Symptome.

C Synonyms: building up vocabulary

If you are going to write about school you will be using the word 'students' a lot. To avoid being repetitive you could try to think of an alternative word that has the same or a similar meaning, such as 'pupils'. Words that have the same or almost the same meaning are called synonyms. There are many examples in English and German.

The wall was made of **rocks**.
The wall was made of **stones**.

Wir fahren mit dem Wagen in Urlaub.
Wir fahren mit dem Auto in Urlaub.

As the definition of synonyms indicates, there are words which have **almost** the same meaning, which can be a problem, especially in a foreign language.

Synonyms: building up vocabulary

If you are searching for an alternative word, you must be sure that the synonym chosen is accurate and precise. You don't want to replace the word with another word that is inexact.

Synonyms relating to all ten major topic areas are given in this section. All the synonyms listed lie within a close range to the sense of the word with which they correspond. Brief sample sentences, used within the context of each major topic area, show how the synonyms can be used and clarify their precise meaning.

Recognising synonyms is a skill. All the major examination boards test the ability to identify German synonyms in written and spoken language. If you practise identifying and swapping words with their synonyms, you will increase your vocabulary and raise your awareness of the language. Vocabulary that you already know will be reinforced, new words will be introduced. This is a good way of improving all four language skills — listening, reading, speaking and writing — which makes it a useful revision tool.

1 | *Topic area i: Family and relationships*

Oft…Kinder mit ihren Eltern.

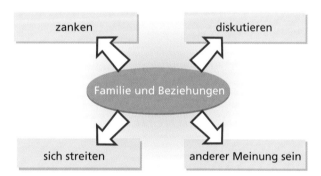

Antworten

- …zanken…
- …diskutieren…
- Oft sind Kinder anderer Meinung als ihre Eltern.
- …streiten sich…

Beispielsätze

- Martin, bitte zanke (streiten) nicht mit deiner kleinen Schwester.
- Mit unserem Deutschlehrer kann man toll diskutieren (Argumente und Meinungen austauschen).
- Meine Großeltern haben über Geld eine andere Meinung (unterschiedlicher Ansicht sein) als ich.
- Die neuen Nachbarn streiten sich (diskutieren, manchmal lautstark, und eine andere Meinung haben) jeden Tag.

2 Topic area ii: Health and nutrition

Gesunde(s)…ist wichtig, dann lebt man auch länger!

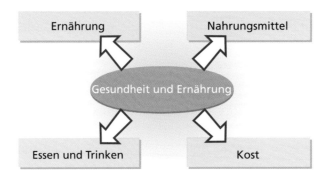

Antworten

- Gesunde Ernährung…
- Gesunde Nahrungsmittel sind wichtig, denn…
- Gesunde Kost…
- Gesundes Essen und Trinken…

Beispielsätze

- Mein Arzt kritisiert meine Ernährung (alles was man isst und trinkt).
- In vielen Ländern Afrikas mangelt es an Nahrungsmitteln (natürliche und künstliche Produkte für die Ernährung).
- Er lebt seit Wochen nur von Natur- und Rohkost (Nahrung).
- Für Essen und Trinken (Lebensmittel, Gerichte) gibt er viel Geld aus.

3 Topic area iii: Addiction and drugs

Ohne…kann er nicht leben – seine letzte Chance ist eine Entziehungskur.

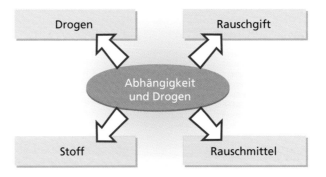

Antworten

- Drogen…
- Rauschgift…
- Rauschmittel…
- Stoff…

Beispielsätze

- Viele junge Leute haben schon mal Drogen ausprobiert.
- Ein anderes Wort für illegale Drogen ist „Rauschgift".
- Rauschmittel sind alle Stoffe, die Menschen zu sich nehmen, um einen veränderten Bewusstseinzustand zu bekommen.
- Ein bekanntes und umgangssprachliches Synonym für Drogen ist „Stoff".

4 Topic area iv: Sport and exercise

Neben einer gesunden Ernährung sollte man…

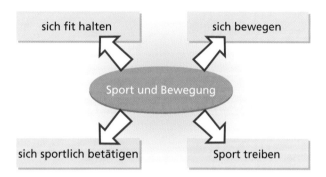

Antworten

- …sich fit halten.
- …sich bewegen.
- …Sport treiben.
- …sich sportlich betätigen.

Beispielsätze

- Ich versuche mich durch Sport fit zu halten.
- Mein Arzt sagt, dass ich mich mehr bewegen muss.
- Eine Methode, abzunehmen, ist regelmäßig Sport zu treiben.
- Ich werde mich mehr sportlich betätigen, ich werde regelmäßig Laufen und Radfahren.

5 Topic area v: Holidays and tourism

Im Urlaub möchte man…

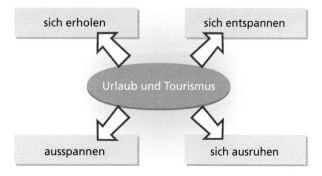

Antworten

- …sich erholen.
- …sich entspannen.
- …sich ausruhen.
- …ausspannen.

Beispielsätze

- Er erholt sich (sich nach körperlicher Anstrengung, Krankheit, harter Arbeit regenerieren) dieses Jahr in den Alpen.
- Bei ruhiger Musik und einem Glas Rotwein kann ich mich gut entspannen (sich von Stress freimachen).
- Heute Abend spiele ich kein Basketball, denn ich muss mich ausruhen (von anstrengenden Tätigkeiten erholen).
- Nach dieser Wanderung muss ich erst mal eine Stunde ausspannen (sich ausruhen).

6 *Topic area vi: Leisure and culture*

In ihrem neuen Nebenjob…sie viel mehr Geld und kann so öfter in die Disco gehen.

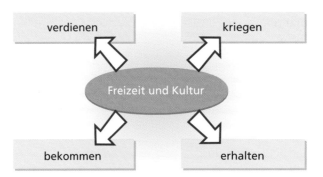

Antworten

- …verdient…
- …kriegt…
- …erhält…
- …bekommt…

Beispielsätze

- Der Manager verdient (als Lohn oder Gehalt erhalten) 10.000,- Euro im Monat.
- Obwohl er schon lange sucht, kriegt (bekommen, erhalten) er einfach keine Arbeit.
- Haben Sie nicht gestern ein Paket erhalten (bekommen)?
- Du hast Post aus Australien bekommen (erhalten, kriegen).

7 *Topic area vii: Technology*

Viele ältere Menschen…vor der Computertechnik.

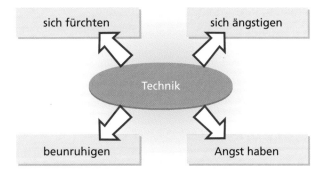

Antworten

- ...fürchten sich...
- ...ängstigen sich...
- ...haben Angst...
- Viele ältere Menschen beunruhigt die Computertechnik.

Beispielsätze

- Ich fürchte mich (Angst, Sorgen haben) vor dem Fliegen.
- Sie ängstigen sich (vor jemandem oder etwas Angst haben) vor dem Gewitter.
- Er hat Angst (unangenehmes Gefühl haben, Furcht) vor der Mathematik-Prüfung.
- Die schlechten Nachrichten haben sie stark beunruhigt (in Sorge und Aufregung versetzen).

8 | Topic area viii: The world of school and work

Viele Leute in Deutschland suchen...

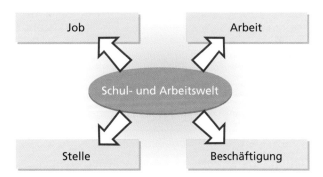

Antworten

- ...einen Job.
- ...eine Arbeit.
- ...eine Beschäftigung.
- ...eine Stelle.

Beispielsätze

- Für die 6 Wochen Sommerferien suche ich mir einen Job (nicht ständige Tätigkeit).

- Macht Ihnen Ihre Arbeit (Beruf) Spaß?
- Es ist schwierig eine Beschäftigung (einen Arbeitsplatz) auf dem Arbeitsmarkt zu finden.
- Ich bin zufrieden mit meiner neuen Stelle (bestimmte Beschäftigung bei einer Firma).

9 Topic area ix: Transport

Da drüben steht sein….

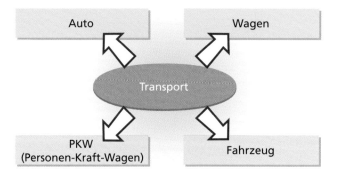

Antworten
- …Auto.
- …Wagen.
- …Fahrzeug.
- …PKW (Personen-Kraft-Wagen).

Beispielsätze
- In diesem Stadtteil gibt es zu viele Autos und zu wenige Parkplätze.
- Dein neuer Wagen gefällt mir sehr gut.
- Das Fahrzeug mit dem Kennzeichen KH–HR–31 steht vor einer Feuerwehrausfahrt.
- Die Autobahngebühr für PKW ist niedriger als für LKW.

10 Topic area x: The media

In der Zeitung gibt es viele…zu verschiedenen Themen.

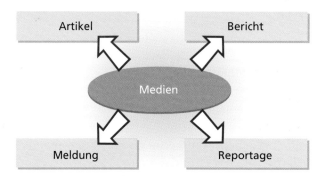

Antworten

- ...Artikel...
- ...Berichte...
- ...Reportagen...
- ...Meldungen...

Beispielsätze

- Der Artikel (Beitrag in einer Zeitung oder Zeitschrift) ist gut geschrieben.
- Nächste Woche muss ich den Bericht (schriftliche oder mündliche Darstellung) abgeben.
- Ich finde die Reportage (Medienbericht über ein aktuelles Thema) über Spanien richtig langweilig.
- Vor 5 Minuten kam die Meldung (offizielle Information) über den Unfall.

D Taking notes

The notes you take during an AS or A-level course are an important source of information for your revision and preparation for your examinations. The better the quality of your notes, the more useful they will be. There are many ways to improve your note-taking; one simple and effective method, called 'smart note-taking', is outlined below.

First, look at an example of 'standard note-taking' — generally done during a lesson on a sheet of paper with a title and the date.

1 Standard note-taking

11-02-2008   *Einkaufssucht – eine schlimme Krankheit*

- *Vor allem Frauen im Alter 35–45 Jahren kaufen massiv ein*
- *Massiv bedeutet sehr viele Gegenstände, die nicht gebraucht werden*
- *Diese Gegenstände liegen dann neu und ungenutzt in den Schränken*
- *Besonders beliebt sind Kleider, Schuhe, Kosmetika, Haushaltsmittel*
- *Ursache ist Depression, eine große Leere, die mit Materiellem gefüllt wird*
- *Wunsch nach Liebe und Anerkennung; große Gefahr der Verschuldung*

Smart note-taking

You could easily adapt the above notes and use the smart note-taking method by setting them out again as follows:

Header

Draw a horizontal line at the top of the page, as in the example on p. 103. There should be enough room for the date, the title of the lesson and a general categorisation, such as 'grammar', 'vocabulary' or 'topic work'. Numbering the pages will help your general organisation. If the content is topic work there should also be some reference to the general topic area being covered.

Columns

Divide the page vertically into two columns. The left-hand column should take up roughly $\frac{1}{4}$ the width of the page, the right-hand column $\frac{3}{4}$. The right-hand column is used to record the information from the lesson. The left-hand column is to be used after the lesson.

You will frequently write down information in class without checking it. After the lesson, at school or at home, you should reread and work through the sheet again — the sooner the better. The longer you leave this, the more difficult it will be to remember what certain words and sentences mean. Use the left-hand column to make notes if you:
- don't understand a particular word — look it up and write down the translation
- don't understand a particular point — write questions in pencil and make sure that you check them in the next lesson
- make any mistakes in the lesson — note down the correct information/ spelling in the right-hand column
- have any useful information to add or want to highlight important points

Footer

The bottom section of your sheet should be big enough to record keywords and questions that you can use for practice in the future. These should summarise the information recorded. The footer of each page will serve an important function: you should be able to memorise and recall the essential information on the sheet by just looking at it. Your file will be full of notes, but the footers will provide the essential questions and keywords — just what you want when you revise for a subject.

Einkaufssucht – eine schlimme Krankenheit
(Topic area iii: Abhängigkeit und Drogen)

11-02-2008   Seite 173

massiv = massive/ in large amounts	• Vor allem Frauen im Alter 35–45 Jahren kaufen massiv ein • Massiv bedeutet viele Gegenstände, die nicht gebraucht werden
Was passiert mit den Gegenständen?	• Gegenstände liegen neu und ungenutzt in Schränken *Besonders beliebt: Kleider, Schuhe, Kosmetika, Haushaltsmittel* • Ursache ist Depression, eine große Leere • Eine Leere, die mit Materiellem gefüllt wird
Anerkennung = recognition	• Wunsch nach Liebe und Anerkennung
Welche Gefahren?	• Große Gefahr der Verschuldung *Manchmal zieht der Kaufsüchtige die ganze Familie in den finanziellen Ruin oder Freunde werden beklaut.*

Probleme und Ursachen von Einkaufssucht (3 + 4 Punkte)
Schlüsselwörter: massiv einkaufen, neu und ungenutzt,
Depression, Leere, Liebe, Anerkennung, Verschuldung

Vocabulary acquisition is increasingly viewed as crucial to language acquisition. Chapter 1 focused on topic-related vocabulary, but in this chapter the emphasis lies on frequent basic words.

The following lists can be used to test yourself on basic German words most commonly found in AS exams. There are three sections: 100 nouns, 60 verbs and 40 adjectives.

In order to build up your basic vocabulary it is recommended that you write for each word both the English meaning(s) and at least one sample sentence. Research has shown that learning vocabulary in context is more effective than revising long lists of words.

A Nouns

Example: die Abstimmung (en) — vote, voting, poll

Sample sentence: Der Bürgermeister-Kandidat hat die Abstimmung verloren.

die Abstimmung (en)	vote, voting, poll	der Erfolg	*success*
der Alltag	*All day*	die Erwartung (en)	*expectation*
die Änderung (en)	*change*	das Fest (e)	
die Anerkennung	*recognise*	der Flughafen (¨)	*Airport*
der Anstieg		das Gefängnis (se)	*prison*
der Anwalt (¨e)	*lawyer*	das Gefühl (e)	*feeling*
die Anzahl	*number*	das Gegenteil	*oposite*
der Arbeitsplatz (¨e)	*job*	die Gemeinde (n)	
die Atmosphäre	*atmosphere*	die Gemeinschaft (en)	*community*
die Aufklärung		das Geschäft (e)	
die Ausbildung	*training*	die Geschichte (n)	*History*
der Ausländer (~)	*foreigner*	das Gesetz (e)	*Law*
die Auswahl	*selection*	das Gespräch (e)	*Conversation*
die Bildung	*education*	die Gesundheit	*Health*
die Einstellung	*setting*	der Gewinn (e)	*Profit*
die Entscheidung (en)	*decision*	Grad	*Degree*

A *Nouns*

der Händler (~)	Dealer
der Hersteller (~)	
der Höhepunkt (e)	
der Inhalt (e)	Content
die Initiative (n)	Initiative
das Interesse (n)	Interest
die Jugend	Youth
der Kompromiss (e)	
der Konkurrent (en)	Competitor
die Kraft (¨e)	
die Krankheit (en)	illness
der Kritiker (~)	Critic
der Kunde (n)	customer
der Mitarbeiter (~)	Colleague
das Mitglied (er)	member
der Mittelpunkt	Centre
der Mut	
die Niederlage (n)	
die Ordnung	Order
die Prüfung (en)	check
die Rechnung (en)	Bill
das Recht (e)	right
die Regel (n)	rule
die Regierung (en)	Government
die Reise (en)	Travel
der Schauspieler (~)	Actor
die Schwierigkeit (en)	Difficulty
der Sender (~)	Transmitter
die Serie (n)	series
die Sorge (n)	Care
der Spaß	Fun
der Staat (en)	state
die Steuer (n)	Tax
die Stimmung (en)	
das Studium	study
die Tabelle (n)	Table
die Tätigkeit (en)	Activity
der Teilnehmer (~)	Participant
der Termin (e)	
die Umgebung	environment
die Umwelt	
der Unterschied (e)	difference
die Ursache (n)	cause
die Veränderung (en)	change
die Veranstaltung (en)	event
die Verbesserung (en)	improvement
der Verein (e)	association
das Verhalten	behavior
das Verhältnis (se)	ratio
der Verkehr	traffic
die Verletzung (en)	Injury
der Vertrag (¨e)	Contract
das Vertrauen	Trust
das Vorbild (er)	model
der Vorschlag (¨e)	Proposal
der Vorteil (e)	advantage

die Waffe (n)	weapon	die Zinsen	interest
der Wähler (~)	voter	der Zuschauer (~)	spectator
die Werbung	advertising	der Zustand (¨e)	state
die Zeitschrift (en)	magazine	die Zustimmung	approval
der Zeuge (n)	witness	der Zweck (e)	purpose
das Ziel (e)	aim	der Zweifel (~)	doubt

B Verbs

Example: anbieten (5) – to offer

Sample sentence: Meine Großmutter hat mir Kuchen angeboten.

anbieten (5)	to offer	einladen (2)	
ändern (1)		entwickeln (3)	
sich befinden (5)		erhöhen (3)	
befürchten (3)		erlauben (3)	
behandeln (3)		erreichen (3)	
behaupten (3)		erzählen (3)	
benötigen (3)		feiern (1)	
benutzen (3)		festnehmen (5)	
beobachten (3)		gefährden (3)	
beschäftigen (3)		halten (2)	
beschreiben (5)		herstellen (1)	
besitzen (5)		legen (1)	
betrachten (3)		leiden (5)	
bewegen (3)		liefern (1)	
bezeichnen (3)		passieren (3)	
dauern (1)		pflegen (1)	

prüfen (1)		verlangen (3)	
retten (1)		versichern (3)	
schätzen (1)		versprechen (5)	
scheinen (5)		verteilen (3)	
schlagen (2)		verwenden (3)	
schützen (1)		verzichten (3)	
sparen (1)		vorbereiten (3)	
stellen (1)		vorschlagen (2)	
treffen (5)		vorstellen (1)	
überzeugen (3)		werfen (5)	
untersuchen (3)		wiederholen (3)	
verändern (3)		zerstören (3)	
verbessern (3)		ziehen (5)	
verhindern (3)		zunehmen (5)	

C Adjectives

Example: aktuell – current, up to date

Sample sentence: Rauchverbote in Kneipen sind ein aktuelles Problem.

aktuell	current, up to date	eng	
allgemein		erforderlich	
ausländisch		ernst	
ausreichend		fertig	
besonders		gegenwärtig	
bewusst		gering	
dringend		interessiert	
endgültig		klar	

leer		sinnvoll	
menschlich		stolz	
möglich		tief	
nah		traditionell	
natürlich		überraschend	
notwendig		üblich	
offiziell		unabhängig	
persönlich		unterschiedlich	
rechtzeitig		unverändert	
regelmäßig		vollständig	
schwer		wirtschaftlich	
schwierig		zahlreich	